おるすばん説教

城山鬼子母神　法華寺テレフォン説教

100話

菊池泰瑞

唯明院日辰

城山鬼子母神　法華寺

お題目が響き渡るお山

三門　新本堂（平成８年建立）へといざなう。平成 22 年（2010）に建立された。

三門扁額　総本山身延山久遠寺第 91 世藤井日光法主猊下
揮毫によるもの。金字が陽光に照らされ輝きを放つ

鬼子母神さまの御守護をいただくため、過酷な百日の
大荒行に臨み三行を成満。写真は再行帰山式の様子

法華寺法灯継承式は稚児行列も華やかに賑々しく行われた。住職は
勇退したが院首として援護、新住職を支えた（平成 26 年）

総本山身延山久遠寺参拝（平成 28 年撮影）

結婚 50 年　子宝に恵まれた日辰上人夫妻。孫も加わり
一層にぎやかな大家族に（平成 28 年撮影）

法華寺を支える総代重鎮たちとの和やかなひと時。日蓮宗の一級法労章を受章した大先達の岩井先生（前列右）とともに

団扇太鼓にお題目を揮毫する姿をとらえた貴重な一枚

日辰上人実家にて。実父（前列右）が孫の成長ぶりに目を細める和やかな一幕

法華寺開創 100 周年を記念して新本堂を建立。落慶祝賀会には全国からお祝いに駆け付けた。笑顔でもてなす日辰上人

無数億唱題修行表彰式　2014年(H26)9月18日

法灯継承式にて。これまでのご厚情に深く感謝し、法華寺第三世の法灯を継承した明智師への支援を呼びかけられた

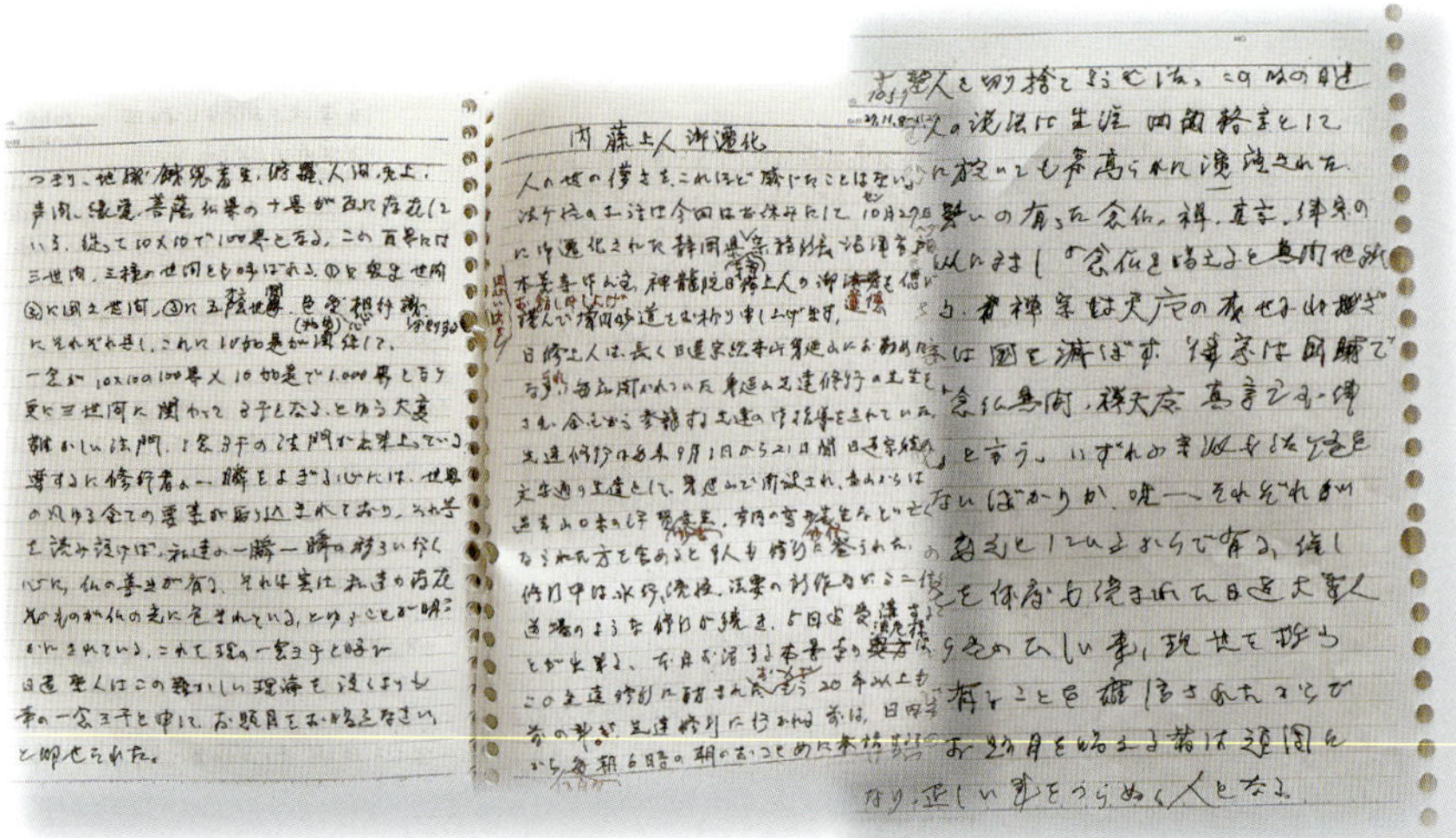

昭和62年（1987）から遷化前日（平成29年・2017）まで30年間、電話で聞ける３分間のテレフォン説教「おるすばん説教」を続けていた。推敲を重ねた原稿から、仏さまの教えを届けたいとの情熱が伝わってくる

目　次

城山鬼子母神　法華寺テレフォン説教

おるすばん説教

100話

菊池泰瑞
唯明院日辰

1　都合の悪い情報

平成15年（2003）6月8日

梅雨入りも間近になったが、早々と梅雨入り前に台風が来た。気象情報はもとより、あらゆる情報が即時に世界中に伝わっている時代である。イラクの戦争も大リーグの野球も中継放送される。また健康保持、経済情勢など、情報が世の中に溢《あふ》れている。

私たちは自分に都合の良い情報、知りたい情報には関心を持つが、さもないと見向きもしないというより、遠ざけてしまうものである。あまりにも情報が多く、なかには自分に都合の悪い情報もあるから。

経済評論家であった故・高橋亀吉さんは、かつて太平洋戦争中は軍部から経済政策についてよく意見を求められたが、決して妥協《だきょう》することがなかったという。そのため生意気だとののしられることさえあったという。この高橋さんは、池田内閣のブレーンとして戦後日本の高度成長を演出したほどの人であるが、軍部がこの人の意見を聴かなかったのは大きな損失であったろう。

　のち、高橋さんはこう漏《も》らしている。

「あの威張《いば》った連中が人の意見を聴こうとしたのは立派だ。しかしせっかく努力しながら、情報を集めるのに最も大切なポイントを見落としていた。それは自分にとって都合の悪い情報ほど重要だということだ。」

　高橋さんの言うように、自分に都合の悪い情報、自分に注意をしてくれる人、自分に悪い情報を持っている人ほど、耳を傾けなければならない。

　法華経に「若し法を聞くことあらん者は、一人として成仏せざること無けん」（若《にゃく》有《う》聞《もん》法《ぼう》者《しゃ》　無《む》一《いち》不《ふ》成《じょう》仏《ぶつ》『方便品第二』）と説かれている。自分にとっては必要でない情報ほど、役に立つものであるかも知れない。

2　酒は百薬の長

平成15年（2003）6月28日

じめじめと蒸し暑い梅雨空、紫陽花《あじさい》の花は喜んではいるが、体調を壊しやすく、またイライラする事も多い日々と思う。洗濯も乾かず雑草は伸びるし、早く梅雨が上がればと。そこで気晴らしにビールを一杯と言う人もいるかも知れない。ストレス解消には良いが、つい度が過ぎると逆に体を壊すのもアルコールである。

日本では酒は百薬の長などと言って、酔っ払っても多少の事なら、酒の上での事と大目に見る風潮さえあったが、近年は飲酒運転は減ったようだ。

フランスではブランデーを命の水と言い、ウイスキーもイギリスの古語では同じく生命の水という意味だと言う。古今東西、辛党というものは、自分に都合良く言ってきたものだ。

十年前、小衲《しょうのう》は血糖値が少々高く、医者から酒を飲まないようにと言われ、それほど辛党でもないのにと思い、逆に月・水・金以外の曜日は焼酎なら良かろうと、少し飲むようになった。少し頂くとよく眠れるし、疲れがとれるように思えるのも不思議だ。やはり酒の効能はある。

お釈迦様は酒を禁じられたが、正しい心を失い、正しい判断が出来なくなることのないよう戒められたのだ。酒の勢いを借りて居丈高《いたけだか》にしゃべったり、過ぎて不始末をしたり、あげくは酒のせいにすることのないよう、自身に責任を持った生き方を、仏は勧《すす》めておられる。

酒、アルコールはほどほどに。薬を飲む程度にしたいものと反省している。

小《しょう》衲《のう》―僧侶が私自身を言い表す一人称

3 仏を信じ、人を信じる

平成15年（2003）7月8日

毎年7月1日から法務省の主唱で『社会を明るくする運動』が開かれている。今年もパレードがあり、夏休みが来ると一斉街頭補導が行われる。そんな矢先、沖縄で中学生が下級生を殴り殺し、墓に埋めるという凶悪な犯罪が起きた。少年犯罪は年毎に増加し、30年間保護司をしている小納《しょうのう》は現在少年二人を受け持っている。

保護司は犯罪者の更生《こうせい》と、犯罪の予防に努める、法務大臣から委嘱《いしょく》された無報《むほう》酬《しゅう》の国家公務員である。いわばボランティアの先駆《さきが》けなのだ。

それにしても何故これほど少年犯罪が増加するのか。社会が悪い、学校が、家庭が、いや政治が悪いと何かと人のせいにする。これがまず間違っている。家庭も社会も政治も人が作るもの。まず人を信じなければならない。信じ合うところには争いも無ければ憎しみも無い。感謝と尊敬があるだけである。

その根本は神を信じ、仏を信じることである。しかしその信仰は正しいものでなければならないと思いながら、裏の悠《ゆう》久廟《きゅうびょう》（個人あるいは夫婦で入る生前永代墓）の草取りをしていると、中国の娘さん二人が片言の日本語でなにか話しかけてくる。表に回り女房とバトンタッチした折、お茶を飲ませたらしい。夕刻また二人が来て、中国のウーロン茶とピーナッツと、二人で作ったと言う餃子を持ってきた。女房のもてなしに信用されたと喜び、感激したのだろう。

信仰は自分自身の手で耕《たがや》し、収穫するものである。

4　佐藤猊下《げいか》の教え

平成15年（2003）10月8日

朝夕は急に冷え込んで来た。気候の変わり目は体が不調になり易い。心地よい季節でまた無理をしがち。その上、運動会や稲刈りなど仕事も多い。

先日、北海道札幌日登寺の佐藤光春猊《げい》下《か》を訪問した。元日蓮宗副総長としてご活躍され、日蓮宗新聞に六老僧のお一人である日持上人伝『北天開教』を執筆された上人でもある。小衲《しょうのう》6年間在京中にご指導を頂いた尊敬する上人のお一人でもある。何度も手術をされながら、80歳を超えてお元気であった。上人のご両親も兄姉も若いときに亡くなったそうで、寿命のお話をされた。

「寿命というのは決まっているのではなく、頂くものである。それも身近な身内の方が早く亡くなると、その仏様方をご供養すればする程、その若死にした仏様、兄や姉から命を、寿命を頂くのだ」と教えて頂いた。

私たちの周りに目をやると必ず早死にした方がいる。小衲の兄は15年前、それも私の誕生日に57歳、満では55歳で若死にした。２つ上だった兄。優しかった兄。一生懸命働いた兄だったのにと思うと残念だが真剣に供養をしなければと思うことしきりである。自分の命のある限り。

5　正しい信仰を

平成16年（2004）2月8日

若いお母さんが男の子を連れて参詣された。婿殿の金使いが荒いし、子供は2人で高校と大学の入試を控え、心配事が山程あると言う。杵築《きつき》に高島易断を見るところが出来たので、思いあまって見て貰《もら》ったところ「あなたには水子がある。25万円持ってきなさい、そうすれば供養してあげる」との事。そんな余裕はないし、如何《いかが》したものかと相談に来た。

まず金を請求するなどもっての外《ほか》。金を請求されたとき、これはインチキ、詐欺と思うべき。機械や薬を使用するならまだしも、拝むだけで高額な金額を請求する事自体、宗教でも何でもない、単なる金儲《かねもう》けだ。

本来、祈りは慈悲の心でなければならない。そして祈ってもらう人は布施を払う。お布施はそれぞれ身分相応でなければならない筈《はず》。水子供養をしなかった、悪かったと言う反省、後悔の心がなければ決して事態は改善されない。

当の本人は、今初めて言いますがと、ご主人と結婚する前の隠れた水子があるという。

まさに水子供養は子供が可哀想だと思い、赤ちゃんのためと、自分の罪を滅ぼすためにするものであると申して、4月28日の水子供養に参詣するように言って帰ってもらった。

オレオレ詐欺《さぎ》だけではない、正しい信仰、正しい祈りに目覚めよう。

6　数珠が切れた

平成16年（2004）3月8日

鳥インフルエンザの感染が広がっている。暗いニュースばかり。それでも春の彼岸が近づいた。暑さ寒さも彼岸までと言われ、次第に春めいて来る。

彼岸の寺参りもお墓参りも、必ず数珠を持って参詣するが、別府の女性から、「どうもしないのに数珠が切れた。何か意味があるのか」と質問を受けた。知らせのないのは良い知らせというが、変わった事が起きるのは確かに良い知らせではない。

昔から下駄の鼻緒が切れてもあまり喜ばしい事ではなかった。それが数珠は魂を込めてお祈りするものだけに、よほど揉《も》んだり引っ張ったりして切れたのであれば仕方ないが、どうもしないで切れることは滅多《めった》にない。

物理的には糸が弱っていたに違いないが、普通起きない事が起きる事は、いずれにしても良くない事の知らせである。

知らせを頂いた事を喜ばねばいけない。感謝しなければならない。仏様、ご先祖の夢を見て、ご先祖が知らせ、命日を調べてみると年忌に当たっている。あるいはその方の年忌法要が近年行われていないなど、忙しい生活の中で忘れていた事に対して反省し、また、気をつけなさいと言う事だと答えた。

不幸な出来事はいつ起きるかと言う。お数珠が切れたときが悪いときなので、その日の中に何事も起きなければ、これまた感謝しなければならない。

「有り難い有り難い」の毎日が暮らせれば、本当に有り難いのだ。報恩感謝の心は一朝《いっちょう》一夕《いっせき》に出来る物ではない。お題目を唱え続ける事で出来る。

7　お供えの水を流した

平成16年（2004）3月18日

施餓鬼《せがき》に水を灑《そそ》ぐ、灑水《しゃすい》の作法がある。お供え物や塔婆《とうば》に水を手向《たむ》ける。法華経に「如以甘露灑《にょいかんろしゃ》　除熱得清涼《じょねつとくしょうりょう》」（授記品第六）とある。

　ある女性が仏様にお供えした水を流し台に流しているが、良いかとの質問に、それは下水に流すのと同じで良くないと即座《そくざ》に答えた。世の中生きとし生きるものに水は不可欠である。人はなおさらのこと、水によって命をつなぎ、体のほとんどは水分である。

　お供えした水は普通、庭に撒《ま》き、それも草や木に。そして多くの餓鬼に水を与える。餓鬼は水が火となり、飲もうとすれば油に火を注いだように燃え上がり、一滴も口にすることが出来ない。飲むものも飲めない、食べるものも食べられない。それが餓鬼であり、餓鬼道《がきどう》に堕《お》ちた苦しみを味わう。法華経は大王膳《だいおうぜん》であるとお経に説かれ、お題目を唱えると、餓鬼が救われる。

　施餓鬼供養は春、秋の彼岸とお盆に百《ひゃく》味《み》の飲食《おんじき》、山海の珍味《ちんみ》をお供えし、最高の供養をする。そして、供養する私たちも、人に施《ほどこ》しを惜《お》しまず、餓鬼道《がきどう》に堕《お》ちないように務めなければならない。食べられない病気に罹《かか》らないように精進しよう。

8 子育て祈願こと

平成16年（2004）4月18日

元は人の子をさらって食べる夜叉《やしゃ》であった鬼子母神様は、釈尊に諭《さと》され子供を守護する大善神となった。そこで子育ての神様ともなった。当山では数え歳《どし》15歳になるまで、3寸3分の着物（男子は白、女子は赤）を縫《ぬ》って、子供さんの代わりに鬼子母神様に預ける。元気に育つように、事故に遭《あ》わないようにと願いを込めて子育て祈願をお願いする。預けるときは千子眷属《けんぞく》という、千人の子供にそれぞれ行き渡るように、千団子と言い、昔は千個の団子を供えた。今は千個の団子の代わりに「あられ」のような米の粉で作った菓子を千個供えて頂いている。

山口県の方《かた》で、下の娘は生まれると子育てをしたが、姉の方は鬼子母神様に縁が無かった。ところが、幼稚園で姉の方が大怪我《おおけが》をした。「やっぱり子育てをお願いした方が良いですか」と相談を受けた。無理にお願いするのではなく、親の気持ちで心からお願いしたいとの気持ちがなくてはならない。また預けっぱなしでもいけない。一年に一度は連れて参らねばならない旨を話した。

兄弟5人の中で1人だけ子育て祈願をしなかった子供さんが交通事故で亡くなられた事もあった。頼むのであれば1人残しは悔いが残る。法華経は平等の教えである。

9　私たちは仏の子

平成16年（2004）4月28日

4月28日は立教開宗会、本仏釈尊の魂であるお題目を日蓮聖人が初めて唱えた日。

本仏釈尊は「今此《いまこ》の三界《さんがい》は皆是《みなこ》れ我が有《う》なり、其《そ》の中の衆生《しゅじょう》は悉《ことごと》く是れ吾《わ》が子《こ》なり」（今此三界《こんしさんがい》　皆是我有《かいぜがう》　其中衆生《ごちゅうしゅじょう》悉是吾子《しつぜごし》『法華経譬喩品《ひゆほん》第三』）と説かれた。私たちは皆仏《みなほとけ》の種子《しゅし》を持った仏の子であると言う。自分は自分自身の命と思いがちだが、仏様に頂いた仏の命なのだ。

57歳の女性の方が、「私は60歳まで生きたら良い」と言う。あと3年経って60歳で死にたいというのは甚《はなは》だ勿体《もったい》ないこと。さらに死んだときの葬儀と埋葬は、「どこどこのお寺さんを呼んで、このようにして」と遺言を書いているという。

宗祖日蓮聖人は「まず臨終の事を習うて後に他事を習うべし」『妙法尼御前御返事』と仰せになった。

人は必ず死ぬ。そしてその準備をすることは尊い事である。誰もが準備しなければならない。先の女性は一人住まいである。決して延命治療はしないようにと尊厳死のカードも持っている。確かに臨終の用意はしているが、死のときは選べない。

「一日なりとも命を延ぶるならば千万両の金にも過ぎたり」『可延定業御書《かえんじょうごうごしょ》』と宗祖日蓮聖人は仰っている。どんなものよりも命ほど尊いものはない。その命は自分の命でなくて、両親から生まれた仏の命であるから、その命の終わるときを自分で決める事は出来ない。

自殺をする人は自分の命と思っているからであり、その行為は仏様の種子を摘み取るのと同じである。仏様を殺すのと同じである。仏の子の私たちの命は、仏様の望まれるように生きることが大事である。そして仏にならねばならないのである。法華経はそのような教えである。

10　95歳でなお、矍鑠《かくしゃく》

平成16年（2004）5月18日

　なお矍鑠とお過ごしの95歳のご高齢の方のお話。高齢化時代とは言っても元気で長生きが出来る事が最高の幸せである。

「今日で満95歳になりました。95歳と1日だよ」と女房に電話があった。「おじさん、おめでとうございます。朝晩冷える日もあるので気をつけるように」と返答していた。女房の叔父は、別府湾を見下ろすミカンの花咲く丘の、眺望《ちょうぼう》の良い日出町《ひじまち》に引っ越して間がない。若いときに高田警察署長として赴任《ふにん》され、最後に大分警察署長で勇退、その後別府商工会議所、パルプ会社の専務として勤務。かたわら趣味の書画は各種展覧会に出品するほどの腕前を持ち、悠々自適《ゆうゆうじてき》の日々を送っておられる。

　宗祖は「一日なりとも命を延ぶるならば千万両の金にも過ぎたり」（『可延定《かえんじょう》業御書《ごうごしょ》』）と仰せられた。お金で命は買う事が出来ない。命ほど大事なものはない。

しかし病気は免《まぬが》れない。南無妙法蓮華経とお題目を唱えると、お題目そのものが薬であるだけでなく、より良い医者に恵まれ、試される薬でなく、ピタッと効く薬に恵まれるのである。これが不思議な事であり、妙とは不思議の意である。例え手術をしてもである。

聖人は「中務三郎左衛門尉《なかつかさのさぶろうざえもんのじょう》は然《しか》も善医なり、試しに法華経を信ぜよ」（「心みに法華経の信心を立て御らむあるべし。しかも善医あり中務三郎左衛門尉殿は法華経の行者なり」『可延定業御書《かえんじょうごうごしょ》』）と仰った。良き医者に恵まれるには法華経を唱える事が大事である。

11　草木国土悉皆成仏

平成16年（2004）6月18日

6月14日に東京杉並区の慈宏寺《じこうじ》さんのお檀家20人が、当山に参詣に来られた。団扇太鼓《うちわだいこ》をたたいて皆さんをお迎えした。当山の婦人会の人々が野菜を持ち寄って手作りの精進料理を差し上げた。東京では滅多に食べられない田舎料理。田舎の味だけに大変喜ばれた。多少のお世辞はあるにしても、とても料亭では食べられないと言っていた。

不思議なもので、東京からはるばる九州の国東《くにさき》半島に来たこと、お昼ときも少々過ぎていたことなども要因に挙げることが出来るかもしれないが、バスから降りた途端に大きな太鼓の音と、大きなお題目の声で迎えられたのが、食欲をかき立てたものと思われて仕方がない。どんなに珍しく高価なものでも、気持ちが伝わらねば、ただ美味しかったというだけで、喜びにはならないだろう。逆のことは当然言えるはず。

28日は生類供養で経文に「草木国土悉皆成仏《そうもくこくどしっかいじょうぶつ》」とあるが、私たちが毎日食べるお米や野菜にも、ちゃんと魂がある。ことに大きな樹木や石にも魂がこもると言われている。

毎朝6時のおつとめに参詣される方が、木蓮の木は庭木として良くないと言われ、根から切ってもらったとき、新芽が出た。28日に木蓮の供養をして頂けますかと聞いてきた。

「動物だけでなく、植物も生きているから」と答え、卒塔婆《そとうば》を建立することにした。

私たちはあらゆるものに感謝をする。
それがお題目の精神である。

12　不思議です、生かされていることを実感

平成16年（2004）6月28日

当山の御開山上人には3人の弟子がいる。1の弟子は豊後大野市三重町法福寺ご住職、菊池泰宣上人。2の弟子が徳島市妙長寺ご住職、佐藤泰伸上人。3人目が小衲《しょうのう》である。

先日この佐藤上人が師匠の墓参りに来られた。3時間以上も止めどなくお話をして帰られた。ご自身が出家して以来、当山に来られた経緯、学生時代のこと。学校を卒業して別府市内を托鉢行脚《たくはつあんぎゃ》した時代。そして徳島の妙長寺、徳島のお睦《むつ》様（お睦経王大明神）をお祀りするお寺の住職になられた事など、滔々《とうとう》と話された。

その中でも、くも膜《まっ》下《か》出血で命を取り留められた話がピカイチであった。その夜は朝までお睦様の教箋《きょうせん》発行のための原稿を書いた。寒い朝で風呂に入るつもりだったがシャワーを浴びた。途中で急に体の右側の力が抜けて倒れた。家族

が気付いて救急病院に運ばれた。ところがちょうど、宿直《しゅくちょく》の先生が脳外科の先生だった。早速検査が行われ、10時から手術が決定。しかしどういうわけか30分手術が早まった。そして頭蓋骨《ずがいこつ》を開いて手術中に二回目の大出血があった。普通は一回目の出血では助かっても二回目の出血があると、１００パーセント助からないと言う。それが、30分手術が繰り上がり、それも手術中に起きたのだから不思議。これが今生きていると。

上人は大分の姉さんや、三重町のお寺にも参詣し、１３００キロ車で走って無事帰ったと電話があった。

お睦様――徳島藩主蜂須賀公の家老樋口道鬼の息女。春徳院真光妙長信尼

13 耳が遠くなる話

平成16年（2004）7月28日

年をとると耳が遠くなる。お年寄りは勝手耳だと言う。普通の声は聞こえなくても、悪口は良く聞き分けると言う。低い音が聞こえるのかもしれない。

しかし耳が遠くなると、はなはだ不便である。会議でマイクがないと、ほとんど聞こえない事さえある。同時に眼もまた老眼で見えにくくなる。年をとった証であり、勲章と思えば良いのだが、どうも負けた気さえする。女房の声が次第に大きくなる。テレビのボリュームを上げるとうるさいと言われる。かろうじてニュースは聞こえるものの、ドラマの会話はほとんど聞き取れない。音がなくてもスポーツ番組だけは安心して見られるだけに、有り難いことである。

六根清浄《ろっこんしょうじょう》は眼耳鼻舌身意《げんにびぜっしんい》という、耳は眼の次に功徳を頂くのであり、眼の次に罰が当たるのである。眼の功徳は水神明王、その本地は浄行菩薩。耳の功徳はお釈迦様の本化の四菩薩、無辺行菩薩。風や空気の神様がその眷属《けんぞく》である。私たちの体は地《ち》水《すい》火《か》風《ふう》空《くう》の五大で出来ている。

暑い毎日だが自然に逆らわずに妙法に照らし合わせて生きていくことが尊い事である。

14　清正公様がそっぽを向く

平成16年（2004）8月28日

「清正公様如何ですか」と、何度お伺いを立てても、首を右に振る。またお経を上げながらお顔を見ると、またそっぽを向く。鬼子母神様は上を向いたまま答えてくれない。

先日、日田市天ヶ瀬《ひたしあまがせ》に住まうある方がお家を建て替えるため、三宝様と鬼子母神様、清正公様、三十番神様、龍神様を北九州に遷座《せんざ》する事になり、参上した。

9月中にお遷《うつ》しするからと、まずお祖師様にお伺いしたところ、大きな日蓮聖人の御尊像は微笑んで居られる。そして両脇の鬼子母神様と清正公様に聞けと言う。法華経要品《ようほん》を読誦《どくじゅ》し秘妙五段の法楽《ほうらく》をしてお聞きすると、先に申したように鬼子母神様は、私は知らないと上を向き、清正公様は聞くとお顔をそむける。

お経も終わり、よく拝んでみると、ちゃんと前を向いて居られる。「もう一年待ちましょうか」と言うと、うなずいて下さった。

後で分かったが、そこの家のご主人が昨年9月1日に亡くなり、来年は三回忌、その三回忌を待つようにと言うことだと分かった。仏様、諸天善神は亡くなった仏様のこともちゃんと守ってくれている。

15　災難、苦しいときこそ修行を

平成16年（2004）12月18日

年賀状の受付が始まり、今年も残すところ約半月となった。今年1年間は地震や水害など災難続きで、家を亡くして仮設住宅でお正月を迎える人もいる。今年1年間を一字で表すと「災」であると言うくらいだ。

「法華経を信ずる人は冬の如し、冬は必ず春となる」（『妙一尼御前御消息』）と日蓮聖人は教えられた。法華経の修行は長男日明が大荒行堂（日蓮宗加行所）で修行中だが、寒修行をするように、寒いとき苦しいときこそ修行しなければならない。そのときの修行は口には表せない位である。

宮沢賢治は岩手県花巻の雪の中を、団扇太鼓《うちわだいこ》を叩いて寒修行を実施した。亡くなる前に遺書にご両親に宛て「どうか信仰でなくても良いから、お題目で私を呼び出して下さい。そのとき親に先立つ不孝をお詫びします」と、死の直前までこうしてお題目を唱えるように両親に勧《すす》められていたのである。縁あって何度か花巻の身照寺にある宮沢賢治のお墓に参詣した。

今も霊山で賢治はきっとお題目を唱えていることであろう。来世も法華経の行者として生まれるように。災いは必ず福となる。来年は福の年であるように。

16　大荒行成満 帰山式　気になる天候

平成17年（2005）2月18日

日蓮聖人御降誕783年の有り難く目出度い日に、長男日明が大荒行一百日の修行を終えて帰山式を行った。帰山式は行僧の行列があるだけに数日前から週間天気予報を気にしていたところ、前日は写真屋さんが来山し「もし雨が降ったらどうしましょうか？」と言う。雨が降れば本堂内で撮影するしかない。

そして多分100人近くの参詣者があるだろうから、2回に分けて撮れば良いと言って帰した。

その話を女房にすると、もし雨が降ったらと思ってはいけないと言う。「絶対に雨が降らない」と思えば、一念は必ず通る。「一念は天に通じる」と、すごい剣幕だ。まあ、そういう事にしようと一応は心が収まったものの、当日朝5時から気掛かりでしょうが無い。外に出たり、窓の外をのぞいたり、落ち着かない。前夜まで降っていた雨、どうか止むようにと祈るばかり、午前10時の行列の出発には雨も落ちず、本堂前で記念写真を写すとき、ちょっと霧がかかった。近年これほど雨を気にしたことはない。お陰で写真も撮りおわり、水行、式典、特別祈祷が終わって、皆さんが帰られた後、小雨が降り出した。

お陰で大行事が終わり、長男日明はその日の内に次の帰山式に旅立って行った。感激された方々、そして参詣され、また大きな功徳を積まれた方々、どうしても参詣できなかった方々、全ての方々の幸せを祈るのが法華経の祈りである。

南無妙法蓮華経

17　それからどうなるの？　祖父の死

平成17年（2005）3月8日

あちこちで春の訪れを聞く頃となった。入学する子供、卒業する生徒など、新学期で胸をふくらませている子供達が多い。子供は特に純粋で好奇心が旺盛である。

先月24日に81歳のお爺さんが亡くなった。小学2年生の女の子が「それからどうなるの？」と小衲《しょうのう》に聞く。「棺に入っているお爺ちゃんは火葬にする」と答えると「それからどうなるの？」「それからお骨になる」「それからどうなるの？」「それから皆でお骨を拾って壺に入れる」「それからどうなるの？」「それからお家に持って帰る」「それからどうなるの？」「それからお墓に入るの」と言うと、やっと安心したようで聞くのを止めた。

この頃はテレビゲームなどで、死んだ人が生き返ったり、何度も人間は蘇生すると思っている子供がいるそうだ。子供の頃に、人は死亡することを知り、そして仏様の行事を知ることは大事なこと。そして人の命も自分の命も大切にしなければならない。人間の命ほど大事なものは無い。

そして法華経には私たちの命は永遠に生き続ける、永遠の魂を説いている。永遠に救われる魂を持つようにならねばならない。

18　水子供養のこと

平成17年（2005）4月18日

4月28日は日蓮聖人が世界で初めて「南無妙法蓮華経」とお題目をお唱えになられた聖日で、立教開宗会と言われている。お題目はお釈迦様の魂で、50年の御説法の最後8年間に説かれた唯一真実の教え、法華経そのものである。法華経は口に読むだけでなく、心に読み、身で実行しなさいと説かれている。

当山では4月28日は水子大祭を毎年厳《ごん》修《しゅ》している。長野県から横浜に引っ越された若い女性から、菊田まりこさんの『あの空を』という児童図書を、水子供養のお申込と共に頂いた。昨年は彼女から『いつでも会える』（菊田まりこ著）という絵本が送られてきて、水子さんにお供えして下さいとあった。

彼女はたった一人の水子さんのことをいつまでも忘れずに、供養の気持ちを絶やしたことがない。それは最も大事なことではあるが、南無妙法蓮華経のお題目を唱えることはちょうど、日が昇り朝露が消えるように、お題目の力で私たちの罪が、罪障という罪が消えるのである。日蓮聖人は磁石が鉄を吸うようにと仰せられた。

亡き水子を思うことは大切だが『あの空を』でヒヨすけが頑張って、もう一度飛んでみようと思うように、前向きに道を切り開くことが大事なのである。

お題目はそのようにさらに新しい道を開いてくれる。

19 仏前結婚式と指輪

平成17年（2005）6月8日

「今日は日本一の結婚式をありがとうございます」と花嫁さんの母親が本堂に入ると言われた。ミス下関の美人のお嬢さんと、山香町《やまがちまち》出身の男性が縁あって仏前結婚式をすることになった。10年前に本堂が建立されて、初の仏前結婚式である。

お嫁さんの支度のため、早朝から来寺され、白無垢姿の綺麗な花嫁さんが出来た。式は本堂で、弟子2人を式衆に三女が司会を務めた。奉告文、念珠授与のあと、指輪の交換が式次第通りに進んだ。お釈迦様、日蓮聖人、諸天善神、ご先祖様に誓いの言葉を述べ、三三九度、親族固めの盃、祝祷《しゅくとう》と約40分で式を終えた。

その後の祝宴のとき、花嫁さんのお母さんが結婚指輪にまつわるエピソードを披露した。

「お婆ちゃんが今も守ってくれているのよ。今、2人がはめた指輪は花嫁の祖母が持っていた金の指輪で、その指輪を草むしりをしていた時に無くしてしまった。ところが半年以上して、畑から出てきて、大きな指輪だったので2個に分けて作ってもらったんですよ」と。指輪には祖母の魂が篭《こ》もっている。そして祖母がちゃんと護ってくれている。

20　孫娘さんのための祈り

平成17年（2005）6月28日

「法華経の行者の祈りの叶わぬ事はない」と日蓮聖人は申すが、邪悪な邪道の祈りは到底叶うことはない。自分勝手な祈り、独りよがりの祈り、人を陥れる祈りなどは間違った祈りで、正しい祈りとは慈悲の祈りでなければならない。

１００人に１人という、難関の入社試験を受験した、長崎に住む孫娘のために、熊本での試験の時間中にその方は本堂でお題目修行を続けられた。一時間半の唱題修行。５分間で１００遍で約２０００遍の唱題行である。家にいるとお客も来るし、電話も鳴るし、とても一時間半も続けられないと。お陰があり、一次と二次試験は合格した。そして第三次試験も一時間半の唱題行を続けた。可愛いお孫さんのためにだ。

例え合格出来なかったと言っても「孫のために出来ることをしてあげたい」と、その奥さんは仰《おつしや》る。この様な欲得を離れた祈りが真の祈りである。祈りは大慈大悲の心の表れでなければならない。真の祈りは必ず叶えられる。

「大地を指さば外《はず》るとも、虚空をつなぐ者はありとも、潮の満ち干ぬ事はありとも、日は西より出《いず》るとも、法華経の行者の祈りのかなわぬ事はあるべからず」

『祈祷抄』

21　釈尊成道会、宗会任期満了

平成17年（2005）12月8日

12月6日、日蓮宗宗会議員の任期が満了し、長かった宗門役職を全て終えた。その間、ほとんど毎月4回上京していただけに、宗徒の方には日程のやりくりが出来ずに大変ご迷惑をおかけした。

昭和40年（1965）、日蓮宗新聞通信員を皮切りに40年の間、全国通信員連絡協議会長、現代宗教研究所嘱託、日蓮宗新聞編集委員、同社長4期、県内では宗務事務長、協議員議長、宗務所長、九州教区長など。ほとんどの役職は自分が望んで就任したのではなく、後押しされたり、命令されたり、懇願されたりして役員となったものばかり。本当に周囲の大勢の方々の、ご指導ご協力の賜と感謝の暮れを迎えている。

これからは若い方々に公務をお願いし、静かに、しかし情熱を失わず城山の地でお題目、唱題修行を弘めていかねば。それが仏祖三宝、諸天善神、本仏お釈迦様、導師日蓮聖人、御祈祷本尊鬼子母尊神様を始め、多くの神々の御守護のお陰と思っている。

8日は本仏お釈迦様の成道会で、菩提樹の下《もと》で悟りを開かれた日。しかし法華経には釈尊自身は遙か大昔に悟りを開かれ、永遠に生き続けており、常に無数億の衆生を教化して仏道に入らしめているると説かれている。それは法華経が真実であるからである。真実は永遠である。

22 過去世の縁、岩井先生との縁

平成18年（2006）2月8日

日蓮宗新聞社から「岩井さんとご住職の出会いは何ですか？」と問い合わせがあった。毎日参詣している人からも「岩井先生と御前様はどんな縁ですか？」と聞かれた。「それは鬼子母神様の縁ですよ」と答えた。岩井先生がお寺のために尽くされる姿が何か特別な縁と思うのであろう。

岩井先生が一級法労章という、日蓮宗で最高の勲章を頂いた事で、3月26日にホテル清照で祝賀会を開くことになった。3月8日が締め切りであるにも拘《かか》わらず1ヵ月で120人をオーバーした。当初この祝賀会が計画された時は100人位の参加があればと思ったところ、この勢いでは150人を超すかもしれない。人数制限はないので、どうぞお誘い合わせの上ご参加を。

話は元に戻るが、岩井先生が当山に初めて参詣されたのは、もう20年以上も前、先生は山口県で寺参りの最中、大分県豊後高田市の鬼子母神に参詣するようお告げがあった。当時の法華寺は雨漏りがする小さな21畳敷の本堂があっただけ。先生が多くの方々を、お題目を唱えるように導かれ、本堂が10年前に建ち、そして100年経った古いお堂を取り壊して鬼子母尊神堂が建立できた。これはまさに仏縁と言うか、鬼子母神様のご縁である。

23　尊い命を大切に　法華寺のスローガン

平成18年（2006）2月18日

「尊い命を大切に」城山鬼子母神法華寺のモットー、スローガンで大小2種類の封筒の表の下に印刷し、また駐車場看板の裏にも大きく書いてある。近年近日、いとも簡単に人を殺す事件が相次いでいる。医者が奥さんを殺したり、幼稚園に連れて行く途中、同級生の5歳の子供を2人も殺したりするなど、凶悪事件が続いている。

「尊い命を大切に」は実は自分の命を粗末にするなと言う意味で始めた。つまりは世を儚《はかな》んで自殺をしたり、無謀運転で自殺行為をしたりしてはいけないと言うぐらいの事であった。ところが自分の命だけではない、人の命を奪うような事が起こっている。これはあってはならないことである。

仏様は一切衆生、この世の中の動物も植物も全て、生きとし生けるものには仏性、仏様の種子を持っていて、全てのものが仏になると教えられており、全てのものに対して慈しみ、恩を感じなければならないと説かれている。

　一切《いっさい》衆生《しゅじょう》悉有《しつう》仏性《ぶっしょう》、一切衆生悉皆成《しっかいじょう》仏《ぶつ》である。全ての物、食物に至るまで恩を感じ、恩に報わねばならない。

　日蓮聖人は北国佐渡島に御流罪中、『開目抄』を認《したた》められ、知恩報恩を説かれた。

24 岩井先生祝賀会

平成18年（2006）3月28日

日蓮宗の最高の勲章、一級法労章を受章された大先達岩井先生の受章祝賀会が、一昨日桂川畔のホテル清照に、265人の人々が集まって盛大に開かれた。御西下頂いた日蓮宗の垣本孝精総務部長は「日蓮宗新聞やおるすばん説教を聞いていたが、まさに全国区。これほどの人々を教化してお題目を唱えさせた方はいない。こんな偉い方がいるとは…」とびっくりされていた。特に日昇会を代表して挨拶された永野昭典さんの死線を越えた体験談を真剣に聞かれ、さすが迫力があると何度も絶賛されていた。

当日、朝は少し雨模様だったものの、午後は好天に恵まれ、帰山してみると、鬼子母神大石像の目がキラキラと、夕日を浴びて光っていた。建立したのが昭和58年（1983）5月8日だから、もう23年も経過しているが、これまでこんな光景は誰も見たことがないと、参詣された方々も驚いていた。

先生の祝賀会に全国から大勢の方々が出席し、その上、鬼子母神様がお守りするという子供さんが大勢式典を盛り上げたお陰であろう。子供さん達はそれぞれ晴れ着姿で先生の勲章や、記念品を運び、きっと一生の良き思い出になったはず。小さい時の信仰信心は汚れがなく、欲もなく、仏様や神様に届くお参りである。私たちのお参りも子供の心に戻り、手を合わせることが大事である。

25　願いは３６５日、感謝は１日？

平成18年（2006）5月18日

新鬼子母尊神堂の落慶式が無事修了して早半月。多数の方々のご参詣と祝賀会へのご出席にしみじみ感謝する昨今である。

朝６時のおつとめは御祈祷御祈念でお願い事、夕方６時のおつとめは追善供養で報恩感謝のお経。新鬼子母尊神堂建設が計画されるなり、２年前から「日蓮聖人立正安国論奏進７５０年慶讃、当山開創１１０年記念、御開山上人第43回忌報恩記念事業、新鬼子母尊神堂建立を無事成就円満ならしめ給え」と毎朝のおつとめでお願いした。

またキングレコードの東千晴さんにも２年前に依頼した。ところが、５月５日の落慶法要と祝賀会が終了し、その報告と感謝のお経はたった１日。今になってこれで良いのかと反省しきり。

我々はお願いする時は何日も何ヵ月も前からお願いしながら、物事が成就すると1回限りの御報恩感謝のお参りで済ませて終《しま》う。

3日間お願いすれば、3日間お礼を勤めよと教わっていながら、実のところ世の中は中々出来ないことばかり。これでは新たな利益はない。大いに反省しなければならない。

26　子供達が幸せになる方程式

平成18年（2006）5月28日

時々隣市の宇佐市から参詣される若い男性が、「学校の先生になったお陰で法華経に会えました」と言う。

「どうして？」と聞くと、「子供達が幸せになる方程式がこの世に必ずあるはずと探し求めていた。法華経は幸せになる経典ですね！」と。

方程式とは1＋1＝2とか、2×3＝6と言う決まりであり、それは仏法では因縁因果の理法で法華経方便品に説かれている。

方程式は真実、真理に結びつくものでなければならない。確かに法華経は阿弥陀様にお願いする「南無阿弥陀仏」と違って、「妙法蓮華経に帰依します」と言うお題目である。妙法蓮華経とは一口で言えば正しい法、真実絶対唯一の法と言うものである。

その正しい法とは全ての生きとし生ける者が救われ、幸せになるという法である。したがって子供達が幸せになる法は因縁因果の理法であり、これしかないのである。

　雨が降れば草木が生長するように、日照りが続くと飲む水も不足する。善い行いを続ければ善い結果が得られ、悪い因縁が悪い結果をもたらす。そういう事を子供達に教えねばならない。教育基本法の改正が国会で論議されている。その根本はここにある。愛国心をとやかく言うのではなく、法華経に説く菩薩行、人のために尽くす行いが全てである。

27　テポドンとスイカのお供え

平成18年（2006）7月8日

5日の未明、北朝鮮がテポドンという弾道ミサイルを日本海に7発も撃った。まさに核戦争の宣戦布告のようなものである。65年前に日本がアメリカに対し、真珠湾攻撃をして世界を敵に回したようなもので、自分の国の力を過信し、国民を犠牲にした。武力によって事を解決しようとすることが大きな間違いの元である。

仏様の教えは絶対武力を排除する、否定する。そしてお互いに信頼、信用、信じ合うこと、ことに拝み合うことが法華経の精神である。

ここ数年、毎年この時期、立派な大きいスイカを外のお題目宝塔の下にお供え下さる方がいる。もし都会のお寺であったなら、このスイカは大丈夫か、毒が混入していないかと、決して食べたりしないだろう。信頼と信用、信じ合える事が信仰であり、信心により明るい家族関係、ひいては信頼し合える国際関係が生まれるのであり、平和が招かれるのである。

大きなもぎたてのスイカをお供えする。その奇特な行動が出来るのは、お互いに信頼し合う、仏様を信じ、あらゆる人々を信じる事が出来る方であろう。

28　還浄とは

平成18年（2006）7月18日

1年で一番暑い季節がやってくる。蒸し暑い夏の土用は20日から。いつもよりご不幸が多かった当山では1年に1人か2人しか他界する方がいないのに、今年の初盆は5軒である。ところが、山口県の先達、伊賀先生のお宅ではご近所と親戚に8軒ものご不幸があったと。

ところで、葬祭場の玄関には両側に白い大きな提灯が下がってあり、「還浄《げんじょう》」と書かれている。ゲンは還る、帰還する「還」でゲンと読み、「浄」は浄土真宗の浄である。つまり還浄は極楽浄土に帰ると言う意味である。

日蓮宗が大事にしている法華経では浄土とは本仏釈尊の住み給う霊山《りょうぜん》浄土であり、死後は霊山浄土に帰るのではなく、霊鷲山《りょうじゅせん》に往詣、参詣するのである。行くのである。

つまり釈尊が説かれた方便の西方浄土が真の浄土ではない。悪の限りを尽くした、大きな罪を犯した人などは死去しても救われないのである。
日蓮聖人は蟻を殺しても地獄に落ちると仰った。「蟻子《あり》を殺せる者は地獄に入り、死にかばね（屍）を切る者は悪道をまぬがれず」（『光日房御書』）
生きとし生けるものの命を取っている人間はその生類の供養をしなければいけない。当山では生類供養を6月28日に年1回奉行している。
また、7月28日は鬼子母神様の千人の子供に灯明をお供えする。悪行をした鬼子母神は永遠に罪滅ぼしのために、子供と行者を守護し続けた。

29　今が最高！　磯崎君の場合

平成18年（2006）8月8日

お盆が近づいた。ご先祖が帰ってくる頃となり、都会から故郷へ大勢の人々が移動する。初盆のために帰郷する方も多い。先日参詣された別府の方は老夫婦で孫の安産のお礼に来られた。

「年を取ると、田舎に帰りたいと言う人が多いけど、死ぬまで別府は離れたくないですね」と言われた。「温泉があるからですね」と言うと、近くに子供や孫、そして今度生まれた双子のひ孫もいるからだと仰《おっしゃ》る。

温かい温泉もさる事ながら、温かい家族の愛情が何よりである。そして感謝し合う家族や家庭、その源は人を思いやる正しいお題目である。

小学生時代から60年間も良き友達である大分の磯崎君の場合、「今が最高！」と言う。県庁を定年退職し、年金生活ながら、好きな海外旅行にしばしば行っている。子供達も、もう心配なしと言う。

日蓮宗なのでお経を覚えるように言ったところ、この歳になってやっとお経を覚えたと。

せいぜいご先祖のお陰で今があるんだから、朝晩は兎《と》も角《かく》、お盆には存分にお経をあげるようにと申した。何よりの親孝行であると。

そしてお題目を忘れないようにと。確実に衰えてくる身体や能力。今が最高の日々を迎えたい。

30　檀家と信者＝宗徒

平成18年（2006）9月8日

南無妙法蓮華経とお題目をお唱えする人は、法華経の信者であり、法華経の信者でなければ法華経の功徳を頂く事は出来ないし、利益は頂けない。江戸時代に檀家制度が出来て、明治の頃から檀家と信者を別々に扱い、檀家でなければご利益が無いとさえ言われたが、これは大きな間違いである。例え日蓮宗○○寺の檀家であっても信仰が無ければ何の値打ちも無い。

それどころか、法華経の有りがたさを忘れて、お題目さえお唱えしないのを、日蓮聖人は「法華経を捨つる、地獄の業なるべし」『開目抄』と仰せられた。法華経、日蓮宗の檀家も最初は必ず、法華経の信者だったはず。700年以上の昔から、うちの家系は法華経だったと言っても、お題目修行は続けなければならない。

当山は檀家数は少ないけれども、寺の

行事に出席し、声を一つにしてお題目をお唱えする参詣者の8～9割は信者さんである。檀家であってもお題目をお唱えしなければ法華経の信者ではない。檀家と信者を区別する事が間違っている。

幸いに現在、日蓮宗徒と言う言葉が出来ている。小衲《しょうのう》は檀家と信者を区別せず、全てお題目を唱える人々を宗徒として、朝夕のおつとめで先祖供養や日々の家内安全の祈願をしている。宗徒だけが法華経の信者である。そして救われるのである。

31　運動会と御臨終

平成18年（2006）10月8日

人は必ず死を迎えるが、臨終が一番大事であることを元気な時は忘れている。日蓮聖人は「まず臨終の事を習うて後に他事を習うべし」（『妙法尼御前御返事』）と仰せになられた。一生涯の中で最後、臨終が最も大事であると言う事を知らない人もいる。

総代さんの奥さんのお姉さんが余命4、5日と言う連絡があった。その日はちょうどお孫さんの運動会の日で出かけることになっていた。運動会と病院は反対方向にあり、下りの電車に乗れば運動会、上りに乗るとお見舞いと言う。

迷うところ「運動会は毎年あるが、姉さんの臨終は1回だけ。早く行くように」と旦那さんに促《そく》され、病院に駆けつけた。ところが話も出来るし、「元気になるように、それではまたね、バイバイ」と声を交わし別れた。

ちょうど一緒に見舞いに行っていた甥《おい》

御《ご》さんと一緒に病室の外で手を洗っていたところ、病室の方から看護師さんが大きな声で姉さんの名前を呼んでいるのが聞こえた。慌てて病室に戻ると、ご臨終ですと言う。姉さんは妹さんの到着を待って逝去《せいきょ》された。このような事があちこちである。

32 秋の叙勲

平成18年（2006）11月8日

法華経の修行は菩薩行である。菩薩とは自分を度外視して、人のために尽くすことであるが、秋の叙勲でもったいないことに瑞宝双光章《ずいほうそうこうしょう》と言う勲章を受章することになった。更生保護事業と言って、非行に走った人々の更生や社会復帰を手助けする仕事で、昭和49年（１９７４）法務大臣の委嘱を受けた。

当時、30代の保護司は珍しく、長い間いつも会合では一番若手でお茶汲みをしていた。それがいつの間にかまだまだ駆け出しと思っている内に、70歳になり、宇佐・高田保護区では最も経歴が長くなってしまった。そのお陰で叙勲の対象となったようである。

11月３日付けの発表で、11月10日宮中で天皇陛下に拝謁《はいえつ》する。33年間の苦労と言うか、重い荷物が1度に飛んで行った感がする。この光栄な事は、まず第一に70歳まで生かして頂いた本仏お釈迦様、日蓮聖人、鬼子母尊神様、諸天善神のお陰である。死にかけては生き返るお題目のお陰。次に大分本光寺先々代師匠の唯光院日祥上人の保護司活動を小僧時代目の当たりにしたお陰であり、３つ目には家族の理解と協力であろう。４つ目は先輩保護司の先生方の指導であり、５つ目には対象者を含め、全ての人々のお陰であると感謝。

33

因縁のしからしむる所

平成18年（2006）12月18日

一年が終わる。今年は感謝の一年であった。物事の森羅万象は全て、この世は因縁で成り立っている。良いことも悪いことも全て因縁の然《しか》らしむる所である。先日小衲《しょうのう》と同じ歳の婦人が見えた。もう50も近い息子が、長年連れ添っていた嫁と別れた。とても良い嫁なので嫁が可哀想。子供達3人は皆育ち上がって外へ出ている。息子はというと、仕事は頑張っているけど、短気でしょうがない。なんとかなりませんかと言う。

息子さんが離婚したのは因縁で、最も近い因縁は親の因縁だと申すと、「実は私は夫が早く事故死して、再婚したけれども、13年いて飛び出しました」と懺悔《さんげ》した。懺悔に勝る信仰は無い。

信仰の第一歩は懺悔からと話し、「貴女が離婚したのも、そのまた因縁がある。それは前に亡くなった夫の供養が出来てないから。別れさせて自分の供養を要求しているのだ。」と申し、「まず亡き夫の供養をすることで悪かった因縁が逆に良き因縁に変わるのだ。このままだと、さらに孫にまた因縁が出来る。因縁消滅をしない限り、次々と悪事が重なる。ご主人が事故でなくなった因縁もある。そのような原因や嫁が因縁となるのである。」と申した。どうやら納得していただいたようだ。

私たちは全て因縁により生かされている。ありがたいと感謝すればその行為や思いが因縁となるのである。感謝の一年が暮れていく。

34　千灯明と中越沖地震

平成19年（2007）7月18日

台風4号が早々と各地に猛威を振るったけれども、それどころではなく、新潟地方は大地震が発生した。被害が最も多かった柏崎は、日蓮聖人が佐渡島に御流罪の時、大風で吹き戻された地である。同市内にはしたがって16ヵ寺も日蓮宗寺院がある程、新潟県は法華経のメッカである。テレビで、家は壊れたが命が助かっただけは良かったと言われていた。全くその通りである。

7月28日は千灯明である。「どうして千本もローソクを立てるのですか？」「立てると何かお陰がありますか？」という質問を受けた。そこで次のようにお答えした。

鬼子母神様には千子眷属《けんぞく》と言って1000人の子供さんが居り、その1000人の子供さんに一本ずつ灯明を差し上げると言う行事で、昭和58年（1983）鬼子母神大石像を建立して以来、毎年続けて今年で25年目になる夏の火祭り行事。

千灯明は清正公様に始まる。日蓮宗の全国の寺院に奉られている、戦国の武将、加藤清正公。熊本52万石の城主として参勤交代の折、大阪から海路を帰る時、遙《はる》か豊後水道を通り大分に向かって帰ってくる船に、鶴崎の海岸に千本の灯明を立てて出迎えたという故事に始まった。

当山法華寺も、清正公様をお奉りした清正公堂から始まったのであるけれども、清正公様の報恩だけでなく、鬼子母神様の1000人の子供さんに立てて、子供達を守ってもらおうという、当山独自の行事である。ローソクはちょうど千本立てられるようになっており、全部に点火されるとまさに火の海のようになる。「火」はまさに煩悩の焔《ほのお》を焼き尽くすと言われるように、私たちの悪業を取り除いて、お題目の力で新しい出発点としたいものである。真夏の暑い盛りのお祭りで、中越沖地震の犠牲者の方へ1日も早い立ち直りを祈る。

35　白寿のお祝い

平成19年（2007）9月8日

叔父、後藤千代男翁が本年99歳を迎えられた。

「きんさんぎんさん」がテレビで「100歳100歳」と呼びかけた頃は珍しかったが、今は100歳を過ぎた方があちこちに居られる時代となった。

日蓮聖人の6人の高弟（六老僧と呼ばれる）の中の、第一の弟子、大成弁阿闍梨日昭上人は一説によると、103歳まで長寿を全《まっと》うされたといわれる。700

明治42年（1909）5月5日生まれの数え99歳。百の字から一を引くと白という字。したがって99歳を白寿と言う。いわゆる「白寿の祝い」である。なんと5月5日は端午の節句、現在はこどもの日であるが、明治、大正、昭和の一桁時代は男子のお祝いの日である。その日に生まれる事も目出度い事だが、それより99歳まで元気で長生きされる。これほどお目出度い事はない。坊守《ぼうもり》である女房の年前の100歳は現在では120歳を超えているかもしれない。

日蓮聖人は「120まで命を保ちて…」と言われているので、当時でも120まで長生きされた方がいたのかもしれない。そして日蓮聖人は「1日なりとも命を延ぶるならば千万両の金にも過ぎたり」と仰せられている。叔父の祝いは9月9日の菊の節句に行われる。重陽《ちょうよう》の宴となる。

ところで法華寺の御開山上人は日蓮聖人と同じ61歳で御遷化《せんげ》された。師匠の大分本光寺先々代、日祥上人は79歳、実父日見上人は80歳、小衲《しょうのう》お陰で宗祖、御開山上人の61歳は過ぎたので、取りあえず釈尊の80歳くらいまでを目標に変えた。80歳までと言っても、後7年しか無い。新本堂がこの前建ったと思っても、もう11年も経っている。過ぎゆく年の早いこと。

このおるすばん説教をお聞きの方は、ほとんど小衲よりお若い人と思うが、人に迷惑をかけぬようにして80歳まで命を保てれば何より有り難いと、また欲を膨らませている。

36　朝に祈り夕べに感謝

平成19年（2007）10月18日

「前略御免下さいませ。御無音に打ち過ぎており申し訳ございません。私はこのところ、物忘れがとくに多くなりまして、困っております。歳には勝てないとつくづく思います。朝の読経にこれ以上ぼけぬよう、寝たきりにならぬようと祈り、夕べの読経のときは、今日も無事に過ごさせていただき有り難うございましたと、感謝の御礼を申し上げる日々でございます。残り少ない人生を心穏やかに精一杯生かさせていただきます。御前様も健康第一にご養生なさってご自愛御専一にあそばされますようお祈り申し上げます。」と東京にお住まいの80歳の女性の方から手紙を頂いた。「朝のおつとめ」ではなく「朝の読経」と。また「夕べのおつとめ」ではなく「夕べの読経」と記されている。熱心にお参りされている姿が目に浮かぶようである。

今から50年以上も前、小衲《しょうのう》学生時代、

中途で僧侶を断念しようと思った時期があった。その時、東京のお寺の総代さんの娘さんで、毎日そのお寺で寝たきりの母親の病気平癒《へいゆ》を祈ってお百度を踏んで居られる方がいた。雨が降っても、寒い日も毎日裸足で約1時間のお百度参りを続けられていた。小衲が九州に帰る時、この方が東京駅のプラットホームで「絶対僧侶をやめてはいけない」と熱心に説いて下さった。和服姿で見送って下さった。

あれから50年以上経つが、手紙のやりとりだけで、全然お目に掛かっていない。お若い時の面影がそのまま脳裏に焼き付いている。冒頭のお手紙は、恩ある方にかぼすをお送りした際の礼状である。

37　生前永代墓　悠久廟

平成19年（2007）11月8日

「私のお骨はどうなっても良いけど、ご先祖と主人のお骨は無縁になって終《しま》うので、それが心配です」と元気な、見た目は70代くらいの、綺麗な身だしなみの良いお婆さんが、山口県下関市から来られた。ご主人は大学の先生をされ、13年前に亡くなられ、長門市俵山の郷里に立派な墓を建立して埋葬したと、墓の写真も持ってこられた。ところがお花の先生の（小原流）この女性、年も90歳になると何時主人の元へ行くか分からず、死後は墓を見てくれる人もなく、どうすれば良いか迷っていた。そこで知り合いの方に、法華寺を紹介され、生前永代墓の悠《ゆう》久廟《きゅうびょう》を教えて頂いたと。

まず本堂でお勤めをして、早速悠久廟をご案内した。「広々として景色が良い」と喜ばれ、早速建立を申し込まれた。しかし、この悠久廟は誰にでもお分けするのではなく、お題目をお唱えになる方にのみ、お申込が出来る旨を話した。つまり、悠久廟会員は無数億唱題修行の会員であることと。その場で、本堂で一緒にお唱えした200遍のお題目をカードに塗った。

次に参詣する時までに1万遍唱題修行を終了しますと約束をした。1万遍を終了すると立派な唱題修行会員である。そしてこのお題目は命終わり、臨終のその日まで唱え続けねばならないと申し上げた。

唱題行カードの裏側に、〈⑥に自分自身の持っている罪を消滅することが出来ます。また⑤には自分のためでなく、人のためにお祈りすることですと記し、⑨にそのままのお姿が尊い菩薩行の実践です。〉と記してあるように、お題目の正しい信仰は自分の事でなく、人のために唱え、人の幸せを祈る教え、これが法華経の教えであり、尊い行である。

38 2月は逃げる、3月さらさら

平成20年（2008）3月8日

91歳の長寿を全うされた沢井千代見さん。ご主人が亡くなられたのが昭和49年（1974）5月7日。78歳の火曜星の黒星。その後一人になられた奥さんの千代見さんは一周忌が終わると、家と家屋敷を売却して当山に来られた。ご自身は当時76歳だった。沢井さんは「10年くらいは長生きするだろうと思ったが、いつまでも死なずに申し訳ない」と言っていた。「そんな事はない、法華経の功徳、利益を、身を持ってお示しになられているので、1年でも1日でも長生きして下さい」と応えていた。そして平成2年（1990）、91歳。女性の91歳は計都星《けいとせい》という、病気をするという黒星である。その年の10月13日、お祖師様、日蓮聖人のご命日の平成2年10月13日に亡くなられた。

亡くなられる前日雨が降っていた。10月12日は当時、お祖師様の龍口法難会、ぼたもち供養を行っていた。出来たばかりのぼたもちを持って、千代見さんが入院している病院を訪ねた。ところがぼたもちの餡をなめて、「今年も良く出来ている」と言う。そして「明日帰るから」と言った。「まあ、そんなに急がずに年が明けて暖かくなってから帰ったら」と言うと、「矢張り明日」と言う。その言葉通りになった。

法華経は遺言のお経、未来の予言のお経である。日蓮聖人は「未来記の経文也」と言われた。不思議な予言の経であることには間違いないのである。末法の世、末法万年の世の中に、上行菩薩の再誕としての日蓮聖人が出現され、法華経に説かれた通りの御法難に遭った聖人。2000年前の釈尊の予言通りである。

39　水が欲しい

平成20年（2008）8月8日

「水が欲しい」と最後の言葉を言い遺して、7月18日に救急車も間に合わず亡くなられた。64歳のご主人。その奥さんは大病院の看護師さんをこの春まで勤めていた。これから持病をお持ちのご主人の看病をと思っていた矢先の出来事。

「胸が痛い、水が欲しい」と言うので水を汲みに行っている間に、息が途切れた。普段から高血圧であったので、咄嗟《とっさ》に心臓マッサージをしたところ、3度息を吐《は》いた。それも空気を吸い込むのではなく、「吐く息は入る息を待たず…」と日蓮聖人が仰せになった通りの状態であったと。

このご主人には2人の男の子がおられ、どちらも15歳まで鬼子母神様に子育ての祈願をされていた。長男は国立大学医学部に4年在学中。次男は地元の有名大学在学中で、父の異変に気づき次男がすぐに救急車を呼んだ。しかし、空《むな》しく帰らぬ人となった。奥さんが病院に病状、死因を尋ねたら、心臓から新鮮な血液を送り出す大動脈が剥離《はくり》、つまり裂けたと言うのである。

ご本人は若い時から営林署に勤務し、最初の赴任地が奄美大島であったそうで、近年の厳しい暑さの中で腎臓を痛めたそうである。

27日にお参りに行くと、奥さんはあと3年でも5年でも生きていて欲しかったと話された。「64歳まで生きられたのはきっと命を長らえた、法華経の説く更賜《きょうし》寿命《じゅみょう》ですよ。」と申し上げた。

高速のバス停で年をとった老人を見かけると「どこまで行くんだろうか。もし同じ方向ならば乗せていってあげようか…」と言うほど、優しかったと言う。

最後、臨終の時「水が欲しい」と言うのは、末期《まつご》の水で、49日までは水をたっぷり供えるように、施餓鬼は灑水《しゃすい》供養があるように、新仏は水の供養が一番大事である。8月6日原爆で亡くなった人々は皆、水を欲しがった。水が切れることは命が切れ、仏の供養も切れることである。

40　悠久廟建立の功徳

平成20年（2008）10月18日

「不思議ですな～」と真宗の御院家さんが仰《おっしゃ》る。ご親戚の83歳のお爺さんが、危篤になってから早半年が過ぎた。お医者さんは、いつ亡くなってもいい状態と言うが、意識もしっかりしているどころか、一時帰宅も出来る状態という。

一時帰宅まで回復された方は北九州にお住まいの方で、娘さんが8月16日、お盆の16日に悠久廟を申し込まれた。それから大きく膨らんでいたお腹の水も自然に引いて小さくなったそうである。悠久廟の写真を娘さんが撮って「これがお父さんが入るお墓よ。そしてお父さんの法名、戒名よ」と教えた。それから不思議と快方に向かっているという。

日蓮聖人の「まず臨終の事を習うて後に他事を習うべし」のお言葉の如く、自分の死後がはっきりし、殊《こと》の外《ほか》気持ちが安定してきた事と、法華経の不思議な奇跡の故《ゆえ》であろう。

奇跡の代表は龍口の奇跡である。18日はぼたもち供養、龍口法難会である。日蓮聖人は時の北条執権から相模国、現在の神奈川県の江ノ島、本山龍口寺が建立されている刑場龍口で、名刀蛇銅丸《じゃどうまる》で頸を刎《は》ねられようとした。瞬間、大きな光り物がし、法華経の経文「刀尋段々壊《とうじんだんだんね》」『法華経普門品《ふもんぼん》第二十五』の通り、刀が段々に折れたのである。日蓮聖人は法華経を弘めると、大難は四ヵ度、小難数知れずの法華経の経文通り四大法難を受けられたが、中でも大難中の大難とご自身で言われるほど、まさに刑場の露《つゆ》となられるところであった。これが法華経の経力である。

冒頭の方は身延山に10回以上も参詣されている熱心な法華経の行者である。臨終の危機を脱したのもこの奇跡である。

41　外国人もお題目の功徳

平成20年（2008）10月28日

秋の日暮れはつるべ落としと言われるほど早く、夕べのおつとめが終わる午後7時には真っ暗となる。参詣の方々が帰った後、女房が戸締まりをしていると、外の鬼子母尊神様の大石像の前に黒い人影が見える。女房が声を掛けると、若い女性が両手を合わせてお参りしている。若い娘さんは片言の日本語で「こんばんは」と返事をした。兎《と》も角《かく》「お上がり」と客間に招《しょう》じた。20歳で中国から来た研修生で高田市内の中ノ島にある会社の寮に住んでいると言う。

その後、夕べのおつとめに参詣するようになり、9月28日の無数億唱題修行5億遍達成記念法要にも参詣し、この頃は団扇太鼓も上手に叩けるようになった。ひらがなとカタカナは日本に来る前に勉強して、試験に合格してから来たと言うだけあって、お経本をすらすら読めるようになった。お題目は唱えただけ、唱題修行カードに赤鉛筆で記しており、やがて一万遍になる。親元を離れて半年、ホームシックにかかったのだろうと女房は言う。

本人はお経の意味もお題目の功徳も全く訳は分からないだろう。しかし日蓮聖人は「赤ちゃんはお乳の成分を知らなくても、お乳の力で大きくなり成長する。お題目の功徳もそのようなものである」と教えられている。このように赤ちゃんが親のお乳を飲むように外国人であろうと、子供であろうともお題目の功徳を頂けるのである。

「是《ぜ》好《こう》良《ろう》薬《やく》、今《こん》留《る》在《ざい》此《し》」と本仏釈尊は如来壽量品第十六にお説きになられた。是《こ》の良薬を服した時、はじめて救われるのである。

42　無二の親友、磯崎信彦君の死

平成20年（2008）11月8日

大分に住む小学校からの無二の親友が死去した。友人というのは年代や環境、仕事の関係等で次々と増えてくる。しかし、小学校から60年もの間、変わらぬ友人はそれほどいない。中学高校と同じクラスの時もあり、まさに60年以上の永い付き合いの友達で、彼の名は磯崎信彦と言う。法名は「桂冠院啓佑日彦信士霊位」と号す。享年74歳。幸いに日蓮宗で大分市常妙寺の檀家。お陰で葬儀に参列することが出来た。

お葬式の引導文で導師の永石僧正は、「霊位は中央大学法学部を卒業し、大分県庁に勤務。県政に輝かしい行政の功績を残し、定年後はラグビースクールを設立し、ラグビー少年の養成に情熱を注いだ」と。そのスポーツマンとしての功績で、勝利の栄冠を意味する月桂冠から桂冠院と法号が授与されたのだろう。

葬儀場には県庁関係の人はもちろん、

同級生が大勢参列した。それもそのはず、11月11日には全国に散らばっている大分舞鶴高校一期生の会、一鶴会の全国大会の実行委員長として世話をしていた最中であった。小衲《しょうのう》も11月11日には楽しみに出席する予定であった。本人もどれほど悔しい思いをされていたであろうかと思うと本当に切ない思いがする。

　この一鶴会は昭和29年（１９５４）、舞鶴高校一期生の会として、毎年１回の総会の他に、実に50年以上も毎月１回大分市で例会が開かれている。こんな同級会はまさに全国的に見ても全く珍しいことと思う。当時誰もが上野丘高校を目指していながら、抽選で開校間もない舞鶴高校に振り分けられた。その悔しさが団結心を続けているのかも。

43　無数億唱題修行　5億遍を達成して

平成20年（２００８）11月18日

当山のお題目修行は昭和55年（１９８０）1月1日の元旦朝参り、８人にて宗祖第７００遠忌（昭和56年正当）の報恩のため、全員で１００万遍を目指した。当初は7つの功徳で始まった。

日蓮宗『宗報』所載のため、東京本郷の会社の電話取材を受けた。この宗報は全国５０００ヵ寺の広報誌で、宗門の動き、通達、１万人余りいる僧侶の動向等が所載され、日蓮宗の役所である宗務院が発行している。その中で地域・地方寺院の活性化した寺院として紹介されるそうである。

まず１１２年前に開創した法華寺に、昭和16年（１９４１）に御開山上人が着任。昭和24年に寺号公称。昭和39年御開山上人遷化《せんげ》。同年、日辰住職となったが、本堂庫裡《くり》等雨漏《あまも》りの状態。平成６年（１９９４）の地震で本堂の梁が落下。

平成８年（１９９６）５月８日新本堂が落慶。これは大先達・岩井先生の大きな力による。

昭和58年（１９８３）に遡《さかのぼ》る。鬼子母神大石像、高さ４メートル、重量５トンの日本一の大石像建立以来、数多くの未信徒を教化。不思議な奇跡の連続。全国から参詣者が来山。一挙にお題目を唱える宗徒が増加。昭和55年宗祖第７００遠忌の前年、前会の年に報恩行として元旦から８人で開始したお題目修行。10年後、平成元年（１９８９）に１億遍を１６４人で達成。それから20年、平成20年（２００８）９月28日、５億遍を達成。５００万遍以上の19人には宗務総長表彰。特別表彰の管長表彰は岩井先生に授与される。ことには当日33体の結縁の御本尊を授与、合同授与式をしたこと。

最後に今後の構想をお伝えすると、①市民全員がお題目を唱えること。②灯籠流しを町の名物にすること。③現在百基の灯籠を千基に、さらに万基にすること。④中国女性が現在参詣中。日本在住の外国人がお題目を全国で唱えるように。⑤お題目がよりグローバルになるように。

44 夢判断

平成21年（2009）2月18日

2月も半ばだが、寒が戻ったようだ。一富士、二鷹《たか》、三茄子《なすび》、四葬式とも言われ、昔から富士山や鷹などを初夢に見ると良いと言う。

ところで別府の方から、初夢で昨年亡くなった同業者の方の夢を見たと電話があった。ある人は「きっと頑張りなさいと励ましのために夢に出てきたのだ」と言うが、良い夢なのか、悪い夢なのかという問い合わせであった。葬式の夢が良いと言うけれど、それは死んだ人、亡くなった人を供養する儀式だから良いのであって、亡くなった人の夢を見ることはその方が何かを望んでいるからだと申した。

若くして亡くなられたり、働き盛りであればあるほど、この世に多くの未練を残しておられる。したがってその霊を供養してあげると良い。せめてご飯を炊いて山盛りに茶碗に盛って、お題目を唱え、夜暗くなって川か海に白紙に包んだご飯を流すと良い。後を振り返らずに流して帰ること。惜しみをかけてはいけないと申した。ところが「そうしてみます」と返事をするので「そうしてみます」でなく、「そうします」でなければいけないと言うと、「はい、そうします」と答えた。

ところで、夢判断は葬式だけでなく、祭礼を見ると喜びがあり、山に登る夢、書物を読む夢などは大吉。反対に高い所から落ちた夢や、川の水や雪や火事等、日常悪いことの夢は矢張り悪い報せである。したがって亡くなった人の夢は余り良くはないけれど、供養をしてあげると、逆に喜んで守ってくれるので良い夢に変わるのである。

45　臨床帰依式

平成21年（2009）3月8日

春の彼岸も近づき、仏様、ご先祖様を思い出し、供養をする月となった。

仏教信仰、法華経信仰の目的は「皆共成仏道」で、皆様方全ての人々が一緒に仏様の道を成《じょう》ずる事になる。その時、私たちの住む世界が浄土となるのである。そして争いが無い平和で幸せな毎日が暮らせるのである。

せめて生きている間に仏道を成ずることが出来なければ、死に臨む「臨終《りんじゅう》」に。

臨終を迎える病の床の中で、入信帰正《にゅうしんきせい》の式、いわゆる「臨床帰依式《りんしょうきえしき》」の要望が起きつつある。時の流れと言うか、超高齢社会となった我が国では、終末期医療と共に、終末期帰依式が起きるのは当然であろう。

当山では100万遍の唱題行を成就達成した方には法名を、戒名、法号とも呼ぶが、生前に授与している。ところが終末期、臨終帰正帰依式では、臨終時授戒

（戒名を授ける事）が行われなければならない。小衲《しょうのう》の兄が昭和64年（１９８９）1月2日に旅立った時、臨終の直前に法号「真乗院法道日久居士」をベッドの上で手渡した。と言うより、本人に確認して貰《もら》った。

誰でも無始以来の罪障《ざいしょう》を持っており、その懺悔滅罪《さんげめつざい》とさらに寿命を頂く事を祈るものである。この臨床帰依式は、本人の穏やかな臨終を祈るだけでなく、家族や近親、友人、縁のある人々をも仏道に導く大事な儀式である。

なかには生前に戒名など縁起が悪いと言う人があった。そう言う人は寿命が延びずに早く亡くなった。生前こそ、生きている間に仏様の御守護を頂かねばならない。

46　宝くじ３００万円×２回の使い道

平成21年（２００９）４月28日

身延山輪番給仕奉仕団員44人が無事全員、２泊３日の行程を終えて25日に帰宅した。

その身延山に何年間もと言うより、何十年も毎年毎年参詣されていた方に、宝くじが３００万円当たった。大金が入るとさあどうしましょうか。家の新築基金にしようか、土地購入の元手にとか、家のリフォームにとか、これだけの大金が当たると不動産関係に使用するのが常道。ところがその大金をそっくり身延山に寄付したというお話し。

このごろ高齢で亡くなられた方の、四十九日忌の取越供養の後の直会《なおらい》で、小衲の隣に座した故人の奥さんのご兄弟が話し始めた。「これは妹には内緒だが」と言う事で（妹とは故人の奥さんで、四十九日法要に参詣されて、お斎の席にも座っておられた）五重の塔が身延山に建立されると言うので、３００万円をそっくり銀行から直送された。

ところがその後、何年も経たずに、また300万円の宝くじが当たった。さすがに銀行員は「そんなにお寺に寄付されなくても良いのでは…ご家族に相談してみたらいかがですか」と言ったそうだ。

この2回目の時に奥さんの弟さんに相談があったそうである。「もちろん信仰心の篤い兄さんの事だから、兄さんの思うように」と言ったところ、今度は日蓮大聖人ご生誕の御霊跡、千葉県の大本山誕生寺さんにご寄付されたようだ。

2度も宝くじで大金が当たることも珍しいが、2度ともそっくりお寺に寄付される人も少ない。と言うより初めて聞く話しである。

きっとこの奇特な方は霊山浄土で小遣いに不自由せずに、仏様に褒められて過ごされている事と思う。この方は当山の悠久廟に眠られており、近く尽七日の正当を迎えられる。

47　映画『おくりびと』を見て

平成21年（2009）5月28日

「そんな恥ずかしい仕事を辞めて。お金が無くてもいい、まともな職に就いて…」と、妻に隠していた納棺師《のうかんし》の仕事がばれて、奥さんは実家に帰ってしまった。それでも納棺師を続ける主人公。

外国映画のアカデミー賞を取った『おくりびと』の映画、実はこの映画を見る機会がなかった事を悔やんでいたところ、三女がDVDと言ってテレビに映せるCD盤のようなものを送ってきた。上映時間は2時間を超えると言うので、その時間を見つけるのさえ大変で、やっと昨日見終えることが出来た。

火葬場の職員役の俳優が「多くの人々を送ったが、私は門番みたいなもので、行ってらっしゃい、また逢おうね…」というセリフがある。死んで無くなるのではなく、火葬して灰となってしまうのではなく、次の世界に行って、また帰ってくるのであると言う、仏教の輪廻《りんね》転生《てんせい》を分かりやすく伝えてくれる。映画の大きな力である。

映画のシーンでは白鳥の群れが春になって旅立って行くシーンが綺麗に映し出され、また帰って来ることを暗示していた。1度、夫のそばを離れた妻も風呂屋のおばさんの死に立ち会い、最後に主人公の父親の納棺の場面で尊い仕事であることを知らせている。

そして、父親役の俳優、峰岸徹さんは死亡した姿で登場しただけで一言もセリフもなかったが、女房の話では間もなく本当に死亡したそうで、この映画のために生き延びたのではと思わせる。父親は6歳の時、家出したと言うが、20年以上も小さな石を持ち続けていた。人の思いも永遠に残る、魂も永遠。法華経如来壽量品第十六の教えである。

48　人造血管、たばこの害

平成21年（2009）7月8日

たばこを飲んでも肺癌《ガン》にならないと、嘯《うそぶ》いていたところ、とんでもない事になった。このまま放っておけば足は壊疽《えそ》になり、切り落とさなければならない。もっと恐いのは心筋梗塞で、20分以内に心臓が死んでしまう一歩手前の狭心症であることが分かった。これは人ごとではない。たばこは2年前、天皇陛下にお目にかかることを契機に止めることが出来た。しかし「時既《すで》に遅し」である。

20歳から70歳まで50年間、1日20本として、なんと379，600本も吸っていた事になる。約38万本で体に良いはずがない。1本吸っても血管が収縮するというのである。

事の起こりは、寒い夜、足が冷えて何度も目が覚めてトイレに行くことから始まった。予《かね》てかかりつけの先生に相談したところ、足の血圧を測りましょうということで、足にほとんど血が廻っていなかっいことが分かった。すぐに大病院に行くように紹介状を書いて頂き、別府の旧国立病院医療センターに行った。入院手続きを終えて帰った翌日、熊本から角田先生ご一家が見えた。

先生は後で分かったことだが、熊本大学で循環器の教鞭《きょうべん》を執って居られ、九州でもその道のリーダーということで、正に変化《へんげ》の人が現れたのだ。そして大分県では新別府病院ならば心臓の治療も出来るからとご紹介を頂き、無事片足と心臓の治療を終えることが出来た。

このほど腹の中に人工血管を通して左足も血が通うことになった。

全くたばこを飲むことは自己満足だけで、どれだけ多くの周りの人々に迷惑をかけたか。そして最後は因縁因果の道理で、自分がそんな目に遭わなければならないのである。たばこの害がどれだけ多くの人々を病気に追いやっているかを思うと、若い人に「今日から止めなさい。でないと私のようになるよ」と言いたいとこである。

49　101歳のご長寿　初盆会

平成21年（2009）7月17日

梅雨が明け、1年中で最も暑い盆月が近づいた。毎年1～2軒の初盆のご家庭なのだが、本年は9軒もの初盆のご家庭があり、その中には6月13日に101歳で亡くなられた女房の叔父、慈光院千代日輝居士霊位の初盆がある。

霊位は明治42年（1909）5月5日生まれで、生前「小さい時は身体が弱かったけれども、鬼子母神様に寿命を頂いた」と話されていた。叔父は警察官を志して、若くして終戦直後に当地豊後高田の署長として赴任し、その後佐伯や日田の警察署長を歴任した後、大分警察署長を定年前に勇退。後進に道を譲り、別府市商工会議所の専務をしていた。当時別府に住んでおり、別府本光寺様の総代として、本堂や会館建立に際し、功労があったと本光寺の先代さんから冒頭の法名を頂いて居られた。その時、同時に夫婦共々生前の逆修法号を、戒名とも法号とも言うが、頂いていた。

今年の5月5日の誕生日には、町長さんが記念品の香炉を持参し、１００歳の誕生を祝ってくれた。その記念の香炉がやがて七日毎の供養の香炉になった。

６月に入り体調が優れないと、１週間ほど近くの病院に入院し、亡くなられた13日の当日「そろそろ家族を呼んでくれ」と看護師に伝え、子供さん達に見守られてのご長寿であった。

「まず臨終の事を習うて後に他事を習うべし」とは日蓮聖人の厳命である。何よりもさらに寿命を頂いて長生きすることが先決ではある。

50　保護をお願いしたい⁉

平成21年（2009）9月18日

「保護をお願いしたい」と切羽詰まった声で夜、電話が掛かってきた。

小納《しょうのう》は昭和49年（1974）から35年間、保護司を勤めた。そのお陰で3年前に秋の叙勲の栄を賜った。そして天皇陛下に拝謁したことを思い出し、保護司の仕事かと思った。その人は困り果てた時「何とかお守りして頂きたい」との気持ちから「保護」という言葉が口から出たのだとわかった。

「保護とは保護者のように義務を伴うものであったり、保護司の更生保護のように法律で権限が与えられたりした事をいうので、あなたの言いたいことは『御守護』でしょう。御守護とは仏様や神様にお守りされる事です。ことに哀愍御守護と言って、仏様が哀れみの心を持ってお守りしてくださるというものです。そこで御守護は常に頂いているので、さらに御守護をお願いするのではなく、御守護を頂いていることを感謝すること。そうすれば格別お願いすることはなく、必ず御守護を頂けます。」と申し上げた。

それでもこの法華経は諸天善神の御守護をお願いする事が出来る、日蓮聖人は文永８年（１２７１）９月12日、龍口の首の座に向かわれる時、裸馬に乗せられ鎌倉の街の中を引き回されている最中、馬を引く役人に「しばらく馬を止めさせ給え」と鶴岡八幡宮の前で「真の神であるか八幡大菩薩は」と神様を叱咤《しった》された。八幡様は法華経の守護神ではないか？と仰った。

神様は法華経を信仰するお題目を唱える方を守護しなければならない。「如《にょ》世尊勅当具奉行《せそんちょくとうぐぶぎょう》」と誓願を立てている。鬼子母神も誓願している。

51 髙井先生霊山《りょうぜん》へ

平成21年（2009）10月19日

身延山先達修行を3回も修了した髙井妙信先生が10月17日の早朝亡くなられた。「先生の様子が急に変わったから…」と病院から連絡を受けた一人娘の和子さんが駆けつけたところ、すでに息を引き取っておられた。看護師さんが夜中に回診に行った時、もう冷たくなられていたということであった。それだけに、まさに眠ったままの姿で、苦しみも何もなく、声も出さずに天寿を全うされた。95歳の御一生で、近頃「もうそろそろお迎えに来てくれるように…」と言っておられたと言う。

先生は毎月檀家のお家へ命日に参詣するご回向廻りを、私に代わって何十年も続けられた。また、30年以上もの間、私が入寺した昭和38年（1963）から、平成4年（1992）日蓮宗新聞社長として東京に赴任《ふにん》するまで、毎年寒中修行に廻られた。お魚の行商をされていただけに、足には自信があり、小衲《しょうのう》よりも何キロ歩いても平気だった。

ご主人・唯華院智顗日照居士は、38歳で亡くなられたが、5人のお子さんがおられた。戦後の食糧事情の悪い頃、先生は懸命に働き、四男一女を立派に育て上げられた。ご主人が病に倒れてから、当山御開山上人の教化を受け、熱心な法華経の信者となり、昭和52年（1977）から冒頭の身延山先達修行に入行された。

この先達修行とは毎年9月1日から9月21日までの21日間、総本山身延山久遠寺にお籠もりし、朝3時から水行をし、身延山の朝のおつとめに参詣し、一日中お経を読み、法華経の書写行や施餓鬼等の法要式を学び、住職の補佐をしようという日蓮宗の修行。先生は61歳から3年間連続して修行され、「教補」と言う資格までもっておられ、多くの方々の信仰を指導してこられた。尊い御一生だった。

52　伊賀先生ご主人のご逝去

平成21年（2009）10月28日

身延山で修行された先達の高井妙信先生が旅立たれたのが10月17日の朝、御年95歳であられた。それから5日後、山口県法華堂で堂守をしておられる伊賀妙孝先生のご主人が同じお年の95歳で天寿を全うされた。お二人とも95歳というご高齢だけに思い残される事もなかったであろうと思われる。

伊賀先生は御開山上人の日孝上人の孝を頂いて、妙孝先生と呼び、先に亡くなられた高井先生は御開山上人の院号、唯信院の一字、信を頂いて妙信善尼と法号が付けられている。

高井先生は前回のおるすばん説教で申したように、女手一つで5人のお子さんを立派に育て上げ、そして60歳を過ぎて身延山の修行を3回修了された。いわば報恩の修行である。

伊賀先生は本年90歳だが、若い時から御開山上人の教化を頂いて、身延山の修行は10回も行かれている。昭和57年（1982）4月8日、日蓮聖人の第700遠忌の後会に、自宅の屋敷にお堂を建立し法華堂と名を付けられ、1人でも多くの人々に正しい法華経を弘めようと90歳の今でも「兎《と》も角《かく》お題目をお唱えになるように」と勧められている、尊い菩薩行を実践している。このように法華経の修行は菩薩行であって、少しでも人のお役に立つように教えられている。

ところが中には、まだ若いのに生き甲斐を見失っている人々が大勢いる。60歳を過ぎたばかりの女性の方で、昨日亡きお母さんの祥月のお経に参上したら「私は子供もなければ当然孫もいない。仕事だけが生き甲斐だけど、仕事が出来なくなるともう生き甲斐が無い。」と言う。

「少しでも人のお役に立つことをすること。それが生き甲斐、そして法華経の修行だ」と申した。

53　馬場千恵子さん霊山へ

平成21年（2009）11月28日

90歳を卒寿。卒業の卒を略して書くと、数字の九と十になる。したがって卒寿の祝いと言う。元来は数え年で90歳を卒寿と言っていたが、今は満年齢88歳の米寿も、77歳の喜寿も満年齢である。還暦は生まれた年に十干と十二支が還るので数えの61歳だが、満年齢60歳でお祝いをするようになった。

ところで、数え年91歳、満年齢90歳の誕生日を11月3日に迎えた、馬場千恵子さんが27日の早朝亡くなられた。26日、亡くなる前の日まで、笑って話をされていたが、27日の午前6時、病院の看護師さんが定刻の病室を見回った時にはスヤスヤと眠っており、30分後に見回りに行った時にはすでに息を引き取られていたという。息子さんの馬場敏彰先生が枕元に行くと、まだ体が温かかったと言う。まさに眠ったまま天命を全うされた。常々馬場千恵子さんは、死ぬ時は家族に迷惑をかけたくないと言っており、本当に思いのままの死に際であり、法華経の信者の証しでもある。

　馬場さんと言えば、法華寺の行事の折にはいつも大人数の料理の味付けを担当し、ことに寿司作りの名人であった。婦人会の人達はその味付けを憶えようとメモをし、勉強していた。馬場さんはまた、身延山に何度も参詣し、輪番奉仕も3回参加している。唱題修行は８００万遍を成就し、まことに法華経修行のお手本であった。先に95歳で亡くなられた髙井妙信先生と大の仲良しで、髙井先生も死去されていたのを看護師さんが見つけられたが、その四十九日忌の法要と馬場さんの葬儀が同じ日になったのも不思議な因縁である。きっと仲良く連れ立っているに違いない。

54　ラスベガスから電話

平成22年（2010）4月8日

「こちらはラスベガスからです」と国際電話があった。それも四国の三崎港から松山に向かう車の中で。ただびっくりした。アメリカに行ったことがない小衲《しょうのう》は、ラスベガスはどこにあるのか、ただ賑やかな都市位しか分からず、友達も米国にいないのにどうしてかと一瞬不審に思った。車を停止して聞いてみると、本年2月に日蓮宗宗務院から発行された『元気な寺づくり読本』の中で、法華寺の唱題行の取り組みが紹介されている。

この本が米国の仏教教会に送られ、それを読んで感動したと言う。米国には全く檀家は無く、また新たに檀家が出来るような檀家制度はないとのことだ。この読本の中で、法華寺では檀家と信者を分けるのではなく、お題目をお唱えしている人は皆宗徒として分け隔てをしていない事にまず感動したと。

金井勝海上人と言うこの開教布教師さ

んは、昭和39年（１９６４）からラスベガスで開教布教をしていると言うから、47年目で奇《く》しくも法華寺御開山、先代師範上人が遷化《せんげ》され、小衲《しょうのう》が法華寺住職となった年であり、これもまた、不思議な因縁ではある。

さらに金井上人は読本に４ページにわたり紹介されている唱題修行について、資料が欲しいと仰《おっしゃ》っている。そこで一昨日、早速送付した。上人は以前はロサンゼルスでも教会を建立したようで、日本国内と違い、遠い海外で言葉や生活が違うキリスト教国で、布教するのはいかに大変な事かと想像される。現在は土地購入のため、観音経の写経をし、その志納金を積み立てておられる。

55

唱題修行の6つの功徳

平成22年（2010）5月18日

①ご供養を喜んでできるようになります。②規律正しくなります。③忍耐強くなります。④努力を惜しまなくなります。⑤心に安らぎを得るようになります。⑥智慧が湧いてきます。

以上の6つの功徳は、アメリカ、ネバダ州ラスベガスの観音寺様の百万遍唱題修行カードである。法華寺の唱題修行が、日蓮宗宗務院伝道部発行の『元気な寺づくり読本』に7ページにわたって詳しく紹介された事で、アメリカの布教第一線で活躍中の金井勝海上人から、3月にアメリカから直接電話があった。ちょうど岩井先生のお見舞いに参上するため佐賀関から国道九四《こくどうきゅうし》フェリーで三崎港に着いて、岬を走っている最中にラスベガスからの電話だった。ただただびっくりし、拙山《せつざん》唱題行の10の功徳を記した唱題修行カードを送付した。

そうしたところ、2カ月後の今月始

めに真っ赤な紙に印刷された唱題修行カードが送られてきた。そして４月１日から早速始めた１００万遍唱題修行がすでに５月２日までに４分の１を達成したと言う。つまり28万遍を達成したのであり、そして立派な唱題修行の修了証を送ってきた。お経《きょう》把《は》になっている素晴らしいもので、対応の早さにびっくりしている。

　と、ここまで原稿を書いていて、ふっと気がついた。それは何故６つの功徳としたのかと。７つや８つにどうしてしないのか？　それが判った。それは六波羅蜜である。６つの修行、六度の修行、つまり布施《ふせ》、持戒《じかい》、忍辱《にんにく》、精進《しょうじん》、禅定《ぜんじょう》、智《ち》慧《え》であると。これもまたびっくりした。

56 インターネット時代

平成22年（2010）7月8日

インターネットで知り合ったと言う無職の男と、中学二年生の男の子が日出町で逮捕され、少年は保護された。見ず知らずの2人の男性が、インターネットの掲示板を通じて結ばれる。大きな危険性がそこにある。

この何日間も連れ回していた青年が逮捕された翌日、2人の若いカップルが寺へ来た。男性は一見真面目そうであるが、女性は手の指の爪を青や黄色や赤色と一本ずつ色違いで塗り分けている。どこで聞いて来たのか問いかけると、これがまたインターネットと言う。年齢は26歳と25歳と言って結婚して1年経つが、子供が出来ないと言う。インターネットで調べたところ、鬼子母神に参詣すると子供が授かると言う。鬼子母神の寺を探してみると、豊後高田の城山鬼子母神が有名だと言うことでと。

親からどうして子供が出来ないかと激

しく責められるそうである。親が反対したのであろうと思われる。「どこから来たのか」と聞くと「小倉から」と言うので「小倉ならば砂津に有名な霊山帰りの鬼子母神様がある」「自宅から歩いて2分位です」と言う。「それならば100回、100日間お参りしなさい。そして1回参って100回のお題目をお唱えするように。絶対に授かるとの信念で参詣しなければ恵まれない。100回のお題目は5分間。そして100日間で1万遍のお題目になるから」と言って帰らせた。本当に宅行出来るか不明だが、その

位の信仰を持たねば授からない。とインターネット夫婦を説諭《せつゆ》した。

57　七難即滅

平成22年（2010）10月18日

10月18日は日蓮聖人の大難中の大難、龍口御法難会、ぼた餅供養である。末法の世の中で法華経を弘めると必ず島流しに遭ったり、刀杖瓦石《とうじょうがしゃく》、刀で切られ、杖で叩かれ、石や瓦を投げつけられる諸の難に遭うと法華経勧持品第十三に説かれている。三千年前、本仏釈尊が予言された通りの難に遭ったのは、日蓮聖人しかいないのであって、まさに法華経の行者と呼ばれる所以《ゆえん》である。

私たちが難に遭うと、運が悪かったという。偶然通りかかって塀が倒れて下敷きとなった女子高校生のように、可哀想な事をしたと片付けられてしまう。かと思うと地下７００メートルに閉じ込められ、２カ月余り地底で生き延びて助けられた、33人のチリの作業員のように、運が良かったと人は言う。

そんな災難と日蓮聖人の災難は較べようもない。日蓮聖人は災難が降りかかればかかる程に、法華経を色読と言って体験することが出来たと喜んで居られる。凡人では考えられない事である。日蓮聖人は法華経の守護があるからと確信されているからである。

ところで災難は偶然に到来するのではない。先の女子高生のように塀が倒れる瞬間、その道を通らねばならなかった縁や因、決して悪い事をしたのではないけど、通学路となっていた原因がある。もし途中で誰か友人でも呼び止めていて、1分間立ち話をしてもこの災害には遭わなかったろう。また一方、地下700メートルから帰ってきた33人の人々は災難がそのまま福に変わろうとしている。七難即滅七福即生である。

58
555，555，555遍のお題目

平成22年（2010）12月8日

本年も残すところ20日余り、このおるすばん説教は第877話目、昭和62年（1987）5月1日に始まって25年目を迎えようとしている。その間15，991回線、延べ16，000人の方々がこの法話を聞いて下さっている。1カ月に換算すると、55人の方々に聞いて頂いた勘定になる。これだけ多くの方々が聞いて下さったのも本当に有り難い事と感謝している。

ところで永遠に続く無数億唱題修行はおるすばん説教より7年早く、昭和55年1月1日に始まって、約250人の方々で、555，555，555遍を達成した。1億遍達成に10年掛かったので、5億遍は50年かかる計算になるところではあるが、それが30年と20年も早く成就出来た。当面の目標は日本の人口であったが、これからは世界の人口にまで挑戦は続く。50億遍だと300年かかる計算だが、これももし代々法華寺で受け継がれていくと、１００年位で達成できるかも知れない。

　それだけ多くの方々がお題目をお唱えになるからで、５５５５５５５５５遍と5が9桁並び、受付順にナンバリングを打っているが、縁起の良い数字は丸山敬人さんに当たった。宝くじに当たるより難しい5億分の1である。懸命にお唱えになられた功徳である。

　日蓮聖人は『諫暁八幡抄』に「ただ妙法蓮華経の七字五字を日本国の一切衆生の口に入れんとはげむばかりなり。これすなわち母の赤子の口に乳を入れんとはげむ慈悲なり。」と仰せられた。五字七字のお題目であり、釈尊出世の本懐であるお題目。

　この世に釈尊が出られて悟りを開かれたのが今日12月8日、明けの明星が輝く時である。明けの明星、金星探査機が昨日打ち上げられ、世界ではじめて金星に到達するかも知れない。不思議な因縁である。

59　岩井先生頌徳碑《しょうとくひ》

平成23年（２０１１）１月28日

昭和53年（１９７８）から30年の間、岩井先生は毎月８日、18日、28日と月３回、１年で36回、30年で１０８０回、ご参詣に来られているが、その始めの頃は月に５回も６回も来られていたので、１５００回以上も当山に足を運ばれていた。その間、何百人もの人々にお題目を唱えるよう教化し、毎月１回は参詣するように厳しく導かれてきた。

そのご恩に報謝《ほうしゃ》するため、昨年３月９日先生が胃の手術をされ、それから毎月１回は四国の先生宅を訪ねて先生のお家の御宝前で法味《ほうみ》を言上《ごんじょう》しているが、この位ではとてもご恩報《おんほう》じは出来ない。万分の一のご恩報じが出来ればと思っている。

本年５月８日に先生の奥様、千代子様に日蓮宗から三級法労章が授与される事になった。この三級法労章は、先生は先に最高の一級法労章を受章されたが、三級法労章の規定は、住職婦人、つまり坊守として50年間寺院の護持丹誠に尽くし、功労があったものに与えるとある。先生の奥様は先生がほとんどお家を空けられている間、先生を支えて教化布教活動を援助し、また、四国愛媛の妙寛寺様の堂守りを若い時にされた功績が認められたのである。

ちなみに先生が頂いた一級法労章は一人で寺院を建立した者に与えられるもので、先生は当山法華寺だけでなく、何カ寺ものお寺の建立に尽くされたからであり、5月8日には先生の徳を刻んだ頌徳《しょうとく》碑《ひ》が建立される。

60　トイレの神様、烏《う》頭《す》沙《さ》摩《ま》明《みょう》王《おう》

平成23年（2011）2月28日

「お父さんの名前は？」と娘が母親に聞くと「ロビンソン」と答えた。娘は「アメリカ人？　イギリス人？　フィリピン人？」と聞くけど違うという。良く聞きただすと、台湾人と言う。漢字で「呂敏尊」だったのである。同じ敷地、屋敷内にいるお婆さんと一緒に暮らすことになった娘は、皆さんもうお気づきの歌手・植村花菜さん、28歳である。

「小3の頃からなぜだかお婆ちゃんと暮らしてた。実家の隣だったけど、お婆ちゃんと暮らしてた。毎日お手伝いをして、五目並べもした。でもトイレ掃除だけ苦手な私にお婆ちゃんがこう言った。トイレにはそれはそれはキレイな女神様がいるんやで。だから毎日キレイにしたら女神様みたいにべっぴんさんになれるんやで」と歌う『トイレの神様』は、大ヒットした。

確かにトイレにはトイレの神様がい

る。それは女神様ではなく、恐い顔をした烏頭沙摩《うすさま》明王《みょうおう》と言う。

岩井先生が毎年星まつりに沢山の家に送って祈念下さっている三点セットが、玄関の家内安全の門札と、台所の荒神様つまり普賢三宝大荒神様、そしてトイレの神様烏頭沙摩明王である。トイレには毎日毎日世話になっているだけにトイレの神様に感謝しなければならない。お風呂にも跋陀婆羅菩薩《ばったばらぼさつ》が。そして、水神様、地神様、屋敷神様と八百万《やおよろず》の神様に世話になっている。しかし有り難い事にお題目をお唱えする事は、これら全ての神様に届くのであって、南無阿弥陀仏や南無大師遍照金剛のように阿弥陀様、お大師様にお助け下さいと言うのと大きな違いである。

61　東日本大震災と畦元先生

平成23年（2011）3月18日

「災害は忘れた頃にやって来る。」と言われているが、忘れるところか、まだ記憶に新しい阪神大震災や中越沖地震に続き、この度は観測史上最大の大地震であり、死者行方不明者は1万5千人を超えている。時は3月11日午後2時46分。

小納《しょうのう》は11時50分の大分発の飛行機で東京に着いて、電車で品川駅に着いたところであった。午後2時10分の電車に間に合わなかったので、午後3時10分品川発の新幹線に乗るため、構内の待合所に腰掛けていた。座る場所もなく大勢の人々は立っていたところ、急に横揺れでグラグラと4～5分も続いた感じ。何かが落ちる音や悲鳴や意味が不明のアナウンスで、ただ頭を押さえてかがみ込むばかり。やがて数人の駅員がハンドマイクで駅構内は危険だから港南口の避難場所に移動するように呼びかけ、夜7時前にやっと電車が動き始めたが、新横浜まで

1時間もかかる。目的地についたのは夜10時半になっていた。
　ちょうどその電車に乗っている時間帯に、畦元先生が亡くなられた。95歳だった。小衲が11日に上京する3日前、畦元先生の奥さんが見え、1日でも寿命が延びる様に御祈祷をするように依頼された。そしてもしもの時は11日、12日とお通夜をして、13日に小衲が帰るのを待ってお葬式をする。そして佛信堂の葬儀社に予定を申し込んで来たと言う。存命中なのにである。全くその通りになり、びっくりするばかり。

畦元先生と言えば外科医で、小衲が10年前4メートルの崖上から転落した時、治療して頂いた命の恩人であり、法華経で送る事が出来たのがせめてもの恩返しだった。

62　以和為貴（和をもって貴しとなす）

平成23年（2011）8月28日

日本の内閣総理大臣を決めるのに5人も出馬し、1つの最高のポストを争った。話し合いも出来ない政治家仲間で、一致協力して国政を司れる訳はない。和がない証し。

先日ある家の姑さんから電話が有った。若いお嫁さんが勝手な行動をして「離婚だ！」と言う。お嫁さんは昼間働いて夜は学校に通っていると言う。お嫁さんが大変だろうと、小さい2人の子供がいるからと思って、姑さんが夕刻カレーライスを作って届けた。ところがお嫁さんは夕食の支度をせずに済むとばかりに友達と飲みに行ったそうである。外にも金銭問題もあり、「離婚だ！」と言い始めた。「どうでしょうか？　御前様」との問い合わせである。

「しばらくお待ち」と2人の相性を調べたところ、息子さんから見ても相性は良い。9歳違いの八白同士である。2人とも1月と2月生まれで、前の年の七赤同士でも良い。ところが、本年はこれまた2人とも羅喉星と計都星という黒星である。羅喉星は経済的に大きな損失を蒙るし、計都星は病気で倒れると言う星廻りである。

こういう時に離婚をしたのでは、とんでもない事が起こると、思いとどまるように申したが、まずそれよりも離婚に至る直接の原因よりも、その原因となった奥深い因縁があるはず。その因縁消滅のためには、お嫁さんの家の先祖供養をさせると良いと返事をした。お嫁さんは全く手を合わせないと言う。これまでは姑さんがお嫁さんの家の先祖供養をしていたのである。

聖徳太子は『法華義疏《ぎしょ》』と言って、法華経の注釈書を書いているが「和を以て貴しとなす」と言った。これは世界の平和や、国内の平和、家庭の平和、夫婦の平和はまず因縁消滅に始まるのである。

63　法華経は蘇生の義

平成23年（2011）10月8日

「妙とは蘇生の義也」と日蓮聖人がお教えになられた。「妙」とは妙法蓮華経であり、法華経の事である。

私の祖母が昭和19年（1944）10月19日に死去した。当時小衲《しょうのう》は8歳で、夏休みにトウモロコシを食べ過ぎて、疫痢になって死線を彷徨《さまよ》っていた。祖母は仏祖三宝諸天善神に願を掛けた。「この孫をどうぞ助けて下さい。私の命を差し上げます。そしてもし助かったならば、この孫を仏様に差し上げます」と。最初の差し上げますは、自分の命と引き替えに孫を助けて下さい。後のこの孫を差し上げますとは、仏様の弟子としてお寺に上げますと言う意味である。

夏休みも終わり次第に回復し、10月19日栗の季節、まだ小衲は学校に行けず、茹《ゆ》でて干した栗を小衲が金槌で叩いて割り、祖母は小衲の前で皮を剥いて搗栗（かちぐり）を作っていた。ところが小衲の前で横になったと思うと、そのまま亡くなった。医者は来たが「頓死《とんし》です」（突然亡くなること）と、線香を立てて帰った。まさに小衲の命と引き換えになって下さった。それから間もなく学校に行けるようになった。

それから33年後の10月19日、小衲の四女が誕生。祖母の名「クニ」を貰った。一度死んでいても、生まれ変わる、生き返ると言う蘇生の義である。

法華経は現世安穏後生善処のお経であると説かれ、まず生きている現世に不思議なお陰を受けるのである。10月18日は不思議中の不思議、日蓮聖人龍口の御法難会である。鎌倉幕府は日蓮聖人の首を切る事が出来なかったのである。

64　森記者の死

平成23年（2011）11月18日

11月10日、午後3時50分、元読売新聞記者の森広一さんが永眠された。78歳だった。

法名は聞法院公論日広居士と言う。「万機《ばんき》公論《こうろん》に決《けっ》すべし」の公論、『中央公論』や『婦人公論』の公の論と呼ぶ。聞法院様は大変な正義感の持ち主で、小衲《しょうのう》が駆け出し新聞記者時代の恩師でもある。

霊位の法名よりも、親しく森さんと呼ばわせてもらうが、森さんは別府市の出身で、小中高校と抜群の成績だったと森さんのお姉さんが、現在89歳でお元気だが話していた。アルバイトをし、大して勉強もしなかったけど常に1番だったという。いわば天童と呼ぶに相応しい方であった。明治大学を卒業すると、郷里に帰り現在の大分合同新聞の前身である大分新聞に入社。2年後、読売新聞に入社し、豊後高田支局に赴任《ふにん》された。今から

40年以上も前の事で、当時西日本新聞の記者だった小衲に、本当はライバルであるところを、手取り足取り取材のノウハウ、文章の書き方等を指導して下さった恩人である。その後直方支局に転勤されても、付き合いは続き、毎年参詣に来られていた。

当時直方支局の社宅の因縁が悪く、2人いる娘さんのお姉さんの方が、救急車で運ばれると言う事があり、家の御祈祷に伺った。その当時の事はまたの機会に述べるが、それから毎月1日、15日の2回、今までずっと屋敷（現在は日出町の自然郷に家を建てておられるが）の周りにお塩と洗米を撒《ま》いておられる、信念の人でもあった。

65

深い悲しみ 岩井先生霊山《りょうぜん》へ

平成23年（2011）12月18日

偉大な大先達、岩井日昇先生が霊山に旅発たれた。12月8日の夜、危篤の報せを受け、翌9日に入院されている松山日赤病院にお伺いした時、ちょうど集中治療室に搬送されるところで、すでに意識は無かった。看護師さんの説明では治療のため眠ってもらっているので「お帰り下さい」との事で安心していた。

14日に再びご危篤と言うので国見町の丸山さんの車に乗せて頂き、早朝出発する準備をしていた。午前5時過ぎ、大阪の熱心なご信者、尾崎さんから電話があり「今朝午前4時20分、先生が旅発たれました」と報せを受けてびっくり。丸山さんはすでに出発されており、そのままお見舞いがお悔やみに変わった。

坊守の私の女房は、15日の午後2時半から、日蓮宗大荒行堂の山本副伝師猊下にお願いし、病気平癒の御祈祷を全行僧上人から頂くために千葉県市川市にある大本山中山法華経寺に行っており、急きょご供養に切り替えて頂いた。

本日18日午後1時から葬儀が執り行われる。国見町伊美から宗徒が50人、法華寺から15人、外に京都、大阪、熊本など全国各地のご信者さんが参詣される。

ご生前中は全国どこでも頼まれれば病気平癒や心願成就の御祈念のため、文字通り東奔西走、寸暇を惜しんで多くの人々のために走り廻られた。先生は殊の外法華寺のために尽くされ、新本堂、鬼子母尊神堂の建立、大駐車場の購入、悠久廟の建設等、想像もつかない程に大きな力を発揮され、法華寺境内地は3倍以上に拡張され、全く以前の景観は一新された。このご恩に報いることも出来ず83歳で霊山に旅発たれ、多くの宗徒が深い悲しみに包まれている。

66　岩井先生三十五日

平成24年（2012）1月18日

人が死んで初七日は死出の山を登り、二七日は三途の川を渡り、三七日は苦役を強いられ、四七日は大苦悩に逢い、五七日は閻魔大王の裁きを受け、六七日は難所を通り、七七日は六道に赴き、百か日忌は氷の山の苦しみを受け、一周忌は光明箱から猛火が出て、さらに三回忌には八大地獄へ。

最後の８つ目は有名な無間地獄がある。８つの地獄に16の別処があり、128＋8で合計136の地獄があるといわれ、初七日から第三年までの10回の仏事には、それぞれ10人の王様がいて、私たちを裁くのである。

それも途中の追善供養が途切れると、その場で地獄に行き、先へ進めないとされている。したがって供養の大事な事を詳しく表されている。この様な苦しみを受ける人は次々と悪事を働き、恐ろしい因縁を作ったものに限られている。すでに二七日忌には、善根功徳を積まれた方は立派な橋を通るのである。

今日は岩井先生の三十五日で、普通の人は閻魔大王の裁きを受けるところだが、岩井先生は大手を振って閻魔様の前を通り過ぎておられるだろう。今日鬼子母神様のご縁日に三十五日を迎えられる事自体が、諸天善神のご守護を頂いている証しであると思う。

また、六七日忌は御開山聖人の祥月命日忌であり、28日にこれまた四十九日忌を申すことになっている。全く不思議な先生である。この日、先生のご遺言で四国から大勢のご親族が来られて、悠久廟に埋葬される。永遠にこの国東《くにさき》半島の城山から私たちを見守って下さる。有り難い事である。

67 魂は城山に住むべく候

平成24年（2012）1月28日

「若し父、在《いま》しなば我等を慈愍《じみん》して良く救護《くご》せられまし」法華経如来壽量品の良医治子の譬えである。

本堂で、尊神講の日にお寺のカレンダーを広げて印をつけている方がいた。「どうしましたか?」と聞くと、「もし先生（岩井先生）が居られたら、毎年このカレンダーに良い日と悪い日の印を付けて下さったのに…」と言われた。誰もがもし居られたらと、そのように思うのである。釈尊は、立派なお医者さんである父親が生きている間は、子供は言う事を聞かず、誤って毒を飲んでしまった。それでも親の言う事を聞かないので、お医者さんの父親は遠い国で亡くなったと、使いを遣わして子供達に告げると、初めて子供は目が覚めて、薬を飲んで病気が治るという教えを説かれている。

今日28日は先生の尽七日忌で御遺骨がお寺に、奥さんやご親族の方々も一緒に来山され、四十九日法要を修した後、先生の御遺言で悠久廟に埋葬された。日蓮聖人が「何処にて死に候とも墓をば身延山に建てさせ給うべし。尽未来際までも魂は身延山に住むべく候」と。御遺言されたように、岩井先生の魂は永遠にこの城山の地に止められたのである。

そしてこの山を基として参るべしの日蓮聖人の御遺戒と同じように、参詣する人を見守って下さるのである。岩井先生が多くの方々を救われたのはまさに慈悲心の発露であって、仏様は「毎《つね》に自ら是の念を作《な》す」と、いつも何時どんなときによって救い方が異なるのである。今朝5時15分から、ＮＨＫ「小さな旅」の放映があり、エピソードが身延山だった。思いがけない偶然に驚いている。

68　大難は小難に、小難は無難にと

平成24年（2012）2月8日

私たちは「大難は小難、小難は無難に」とお祈りする。「法華経の行者の祈りの叶わぬ事はあるべからず」と日蓮聖人が『祈祷抄』に説かれている。だからと言って邪《よこしま》な祈りが叶うはずは無く、あるいは利己心が強い祈りや、欲の信仰の祈りが叶うはずは無い。

近日、金沢にお住まいの方から、日蓮聖人の『開目抄』に「〝法華経已前等の大小乗の経宗は自身の得道猶《なお》かないがたし。何《いか》に況《いわん》や父母をや。但《ただ》文のみあて義なし。今法華経の時こそ…〟とあるので、今法華経の時こそとは、今まで自分がお唱えしていたお題目は自分本位のお題目であった事に気がつきました」と書かれていた。お題目を唱える方の心の持ちようは人それぞれ違っているが、いつしか初心者のお題目から段々に質が高いお題目に変わるものである。

先日、交差点で出会い頭に車がぶつ

かった方がいた。相手の車は小さかったので、壊れ方もひどく、相手の女性は救急車で病院に運ばれた。事故処理が終わって、病院に見舞いに行かれたところ、もう自宅に帰られていた。そこで自宅まで行かれたところ「事故はお互いに気をつけねばなりませんね」と言われ、本当にほっとした。相手が良い人だった。

この事故を起こした方は学校の事務員で、自分たちはエアバッグで胸を打っただけで、車は駄目になったけれど、本当に大難が小難で済んだ。これ程有り難かった事はありませんと、お礼参りに来られた。お題目は無心に唱えておられると、この様な有り難い事がおきるのである。南無妙法蓮華経

69　蝶が知らせる霊魂不滅

平成24年（2012）3月18日

大先達岩井日昇先生「正行院日昇法師覚位」の100ヶ日忌法要と、偲ぶ会を本日3月18日に開催し、四国から16人の方々、各地から147人の方々が出席。悠久廟での墓前法要に続き、本堂で先生の100ヶ日忌法要と、春の彼岸会施餓鬼法要を厳修した。

正午からはホテル清照で、全員出席して偲ぶ会を催したが、先生の古い写真数10枚がDVDに編集されて放映された。先生の結婚式の写真から陶器販売をされていた元気が良いお姿。そして近年多くの人々を教化した大先達のお姿。最後は昨年11月、大分から47人の宗徒が先生のお宅に参詣に行った記念写真で閉じられ、その後丸山敬人総代さん、水口昭子さんがそれぞれ先生の思い出を語られた。

偉大な人ほど、亡くなられた後、その功績がさらに大きくなるものである。

そして法華経には永遠に魂が生き続けられると説かれている。それを実証、証明するかのように、去る2月28日、弟子日重の大荒行壱百日成満帰山式を本堂で奉行した時、一羽の綺麗な蝶が堂内をひらひらと飛び回った。そして岩井先生が永い間、本堂に座られた所に行って止まったのである。時季外れの蝶を、誰言うともなく「先生が来た！　先生が…」と先生の魂が蝶に姿を変えて来たと言う。

その蝶は3月15日の朝、先生の御命日、3カ月目の命日の朝まで羽をひらひらと広げて息絶えた。今も本堂内の先生のお位牌を拝むように、止まっているのである。

70　命は大切に、大動脈解離

平成24年（2012）4月28日

堂々と太平洋から登る旭日に向かって、南無妙法蓮華経とお題目を十唱し、立教開宗宣言をされた日蓮聖人。「日月の光明の如く、能《よ》く種々の闇を滅す」と法華経神力品第二十一偈文の通りに、末法の世の中は正しい釈尊の教え、唯一真実の教え、法華経でなければ救われないとお示しになられた。それからちょうど今年は760年目を迎える。

日蓮聖人御在世の760年前は、民衆は食べるものもなく、天変地異、大地震があり、また大旱魃《だいかんばつ》が起こり、生きて行くことも大変な時代だった。ちょうど昨年発生した東日本大震災の現地の様相と同じである。生き残った方々は本当の命の尊さをしみじみと味わっていることと思われる。

25日のNHKためしてガッテンの番組は「閉塞性大動脈解離」の病気が取り上げられていた。小衲《しょうのう》の病気がまさにこの診断を受け、3年前に手術を受けた。番組ではこの病症の患者は、8~9割は運動療法で足を切断せずに改善されると言う。つまり1分間歩いて3分間休憩の運動を10回続けている内に、自分自身の血管が造成されると言う。やみくもに歩くのでなく、体が血管を要求する間が必要と言う。小衲の腹部の大動脈が閉塞し、ステント（血管の中に管を入れるカテーテル治療）をしたが、すでにテレビの通り自分の血管が作られつつあり、カテーテルがどうしても本来の管の中を通ることなく新しい血管に入ろうとするため、カテーテル治療を断念して人工血管バイパスを入れた。

このように私たちの体の中は細胞レベルでも少しでも〝生きよう、生きなければ〟と頑張っている。まさに「尊い命」である。尊い命を大切に。本日は水子供養の大祭でもある。この世に出られなかった魂を救うことで、すべての命を大切にしなければならないことを痛感するのである。

71　お数珠の話

平成24年（2012）5月8日

毎日手に掛けているお数珠の話である。

名古屋にお住まいで、熱心なお題目修行をして、すでにもう600万遍を目の前にしている素敵な女性の方から電話があった。どうしても身延山にお参りしたくなり、お参りしたところ、法要の後に御説教があり、お数珠の話だったそうだ。天台宗や真言宗のお数珠は両側に2本ずつ数珠玉が下がっているが、日蓮宗は左側の方は3本になっている。

「2本の方を右手に掛け、そして綾を作るが、右手の親玉、大きい数珠玉はお釈迦様で左手の方は何でしたか？」と言う質問の電話だった。

そこで次のように電話した。お仏壇の中央に日蓮聖人が居られ、その後ろの真ん中に宝塔様、法華経の塔があり、向かって左がお釈迦様、そして右側が多宝如来。法華経を、お釈迦様が50年説法された最後の8年間、霊鷲山で説かれた時、右側の多宝如来が大地から湧き出て「善哉善哉、釈迦牟尼世尊。よく平等大慧、教菩薩法、仏所護念の妙法華経をもって大衆のために説きたもう。是の如し是の如し。釈迦牟尼世尊、所説の如きは、皆是真実なり」と。

つまりこれまで法華経を説かれるまでの42年間は方便の教えであり、法華経こそが真実唯一の法であると説かれたのである。したがって法華経證明多宝如来と申し、法華経が真実であると証明されたのである。

右側に掛けるお釈迦様より、南無妙法蓮華経と唱えた8個目、お題目は7字で、その先に小さい玉が1個。これが本化の四菩薩と申し、上行菩薩。その先に2回唱えた15個目に無辺行菩薩。さらに反対側に水の徳の浄行菩薩。後に地の徳の安立行菩薩。先ほどの最初の浄行菩薩は火の徳、無辺行菩薩は空気の徳と言うように、四菩薩が居られ、残りは108個の数珠玉で出来ている。108個は我々の持つ108の煩悩を表し、数珠を手にし、お題目を唱えることで、そんな煩悩を滅却するのである。

72　節電の夏

平成24年（2012）7月8日

身延の蓮華寺さんから夏のご挨拶が届けられた。「謹んで夏のご挨拶を申し上げます」と前置きがあり、「節電の意識を持つだけでも効果がある。私たちは電灯の灯りを意識する感覚が麻痺しており、晴天の日中などでも無意識に電気を付けて過ごしている」と。

浪費している無駄な電気に意識を向けてもらうためには電気を消す時に「もったいない、もったいない」と声を出すことが大事だそうだ。声を出すことにより、無意識の自覚を呼び起こし、それが習慣に繋がると。

お寺の行事やお盆の棚経で、どんなに感謝の気持ち、大事な事を説教するより「ありがたや、ありがたや」と口癖のように言う事の方が、感謝の気持ちが無意識によみがえるそうだ。私たちがお唱えするお題目もまさにその通りで、何千遍、何万遍、何百何千万遍お唱えしている内に、真のお題目が生まれるのである。苦しい時も楽しい時もお題目を唱える事が肝要。

ところで真のお題目とは、この世の中が平和な社会、浄仏国土を作り上げる事である。しかしそんな大きな事でなくとも家庭の安泰、家族中、親族の者が皆健康であること。沢山の功徳を頂く事が真のお題目、お題目をお唱えする功徳、利益である。功徳が有るとは言っても自分のために祈ってはならないのであって、自分に対する祈りは欲望の祈り、欲を叶えてもらう祈りとなり、餓鬼道に堕ちる祈りとなる。

「ありがたや、ありがたや」の感謝の祈りでなくとも、人のための祈りをする事が大事で、その結果功徳を頂くと、感謝の祈りへとなる。そして、さらに一段と高度な「無心のお題目」「無心の祈り」こそ最高のお題目であり、即、感謝のお題目へと到達することが出来る。

73　オリンピックとお盆

平成24年（2012）8月8日

今年の夏は殊《こと》の外《ほか》厳しい暑さで、毎日茹《う》だるほど。その暑さよりもっと熱い戦いがイギリスのロンドンに。世界中のアスリートが集まり、オリンピックが開かれている。近代オリンピックの創始者クーベルタン男爵が「参加することに価値があり意義がある」と言われたことは有名だが、矢張り参加した以上は、1つでもメダルを、それも金メダルをと国民は望んでいる。金メダルを取ると一生涯生活が保障されていると言う国があるが、国威発揚に利用されており、本来のスポーツのあり方ではなく、大きな間違いである。オリンピックの精神は、世界の人々が仲良く、世界の平和の実現が目的である。

オリンピックは4年に1度のスポーツの祭典だが、お盆は毎年この暑い夏にやってくる。お盆はご先祖様がお帰りになり、初めて帰られるお盆が初盆である。8日は大先達・岩井日昇先生の初盆法要が厳修され、四国から奥さんを始め、ご遺族の方々が大勢参詣された。また、先生のお陰でお題目信仰に導いて頂き、熱心にお題目をお唱えしている方々が大勢参詣された。

お盆の行事は、初盆以外は簡単にすませようと思っている方がこの頃は多いが、簡単に済ませようと思うのはご先祖様を粗末に扱うことになる。ご先祖様をお迎えし、そしてお送りし、帰っておられる間は仏様が生きて帰っておられる気持ちでおもてなしをしよう。

きっとご先祖様が喜ばれて、来年のお盆にまた帰られるまで、私たちを守って下さることと思う。

それにしても暑い毎日、お体にはくれぐれも気を付けて、充分な睡眠を取っていただきたい。

74　100日祈願と100日供養

平成24年（2012）9月8日

毎年11月1日から翌年2月10日迄の100日と2日間。開堂の日の11月1日と、満行の2月10日を除くとちょうど100日間、大荒行堂で供養と祈願が行われている。いわゆる100日供養と100日祈願である。

御開山聖人第50回忌と大先達岩井日昇先生の一周忌の記念事業成満のため、100日供養と100日祈願を募った。9月8日から12月16日までで、ちょうど100日となる。大勢の方々がそれぞれ供養と祈願を申し込まれた。私たちはつい目先の事に気を奪われがちで、先に祈願をお願いする。

深夜に一通のファックスが舞い込んだ。「実家の母が肺癌《ガン》の疑いで、大病院で検査を受けることになり、もしもの事を考えるととても眠れない。母親は何一つ悪い事はしていません…」と書かれている。確かに悪い事をしない人でも病気をするのである。それを因縁と言う。肺の病はご先祖の因縁であり、先祖供養が足りない事が多いし、仏様にお願いをしてその通りにご自分で実行出来なかった時に起こる病でもある。

　すると翌朝、今度は5時過ぎに若いお嫁さんが深夜救急車で済生会日田《ひた》病院に運ばれた。どうか助かるように御祈祷して下さいと。早速朝6時の朝勤にこの二人の方の御祈祷を申した。

　このように切羽詰まった時は取りあえず御祈祷はしても、この様なことが起きないように常に供養を怠ってはならないのである。したがって供養が先で祈願は後の順番である。本堂で先に供養して、その後、尊神堂で御祈祷をするのである。供養が届けば逆に守って下さる。

75　法尼誕生　両親の供養のため仏門へ

平成24年（2012）10月8日

10月5日、1人の尼さんが法華寺に誕生した。家を出て仏門に入ることを出家と呼ぶ。したがって僧侶や尼さんも御出家と言われる。9月23日、法華寺本堂の御宝前で、頭髪のことを「ずほつ」と呼ぶが、つまりその髪の毛を剃る儀式を行い、出家者が「流転三界中、恩愛不能断、棄恩入無為、真実報恩者」とお唱えした。

その意味は、「私たちはこの娑婆世界をころころと激しい水の中の小石のように転がって生きているが、中々その因縁から抜け出せないでいる。しかし今、出家となってからは、有為転変の因縁の世の中を離れて無為の世界、変化することの無い因縁にとらわれない世界に入ることであり、この世界に生きることが真実の報恩の者である」と言う意味。

中洲《なかす》さんは平成20年、4年前から毎年先達修行の申請をしていたが、全国からの申請者が10人に満たないため、身延山で開設されていない。そのため、9月初め、中洌さんの御母堂様の13回忌のご法事の日に「本当の最高の親孝行は出家となって、親の供養をする事です」と尼さんに成《な》る話を致した。すると、すぐにご主人に相談して、23日の出家得度式となった。

10月4日、日蓮聖人が出家得度された千葉県の房総半島で読経の試験があり、合格し翌日度牒《どちょう》と呼ばれる出家得度の許可が出て、日蓮宗の僧侶や尼さんの末席に列《つら》なった。晴れて法尼となるのである。法尼として90歳も100歳までも活躍して貰《もら》いたい。

世の中は高齢化時代で、1，432万遍の唱題行を達成している国見市国見町の益田八重子さん85歳が、歳を取らないで活躍していると言う意味のエイジレス章を国から授与された。誠にお題目をお唱えする人々のお手本であり、大変お目出度い事で、益々お元気にすごされ、ご活躍を祈っている。

76　仏前（神前）結婚式 お寺で全ての人生行事を

平成24年（2012）10月28日

昨、10月27日、当山の鬼子母尊神堂で仏前結婚式を奉行した。鬼子母神は法華経守護の大善神であるので、神前結婚式と呼んだ方が良いかもしれない。平成18年（２００６）５月８日に新鬼子母尊神堂が出来て三組目。それ以前は本堂で何組かの結婚式があった。なかには「宇佐神宮に問い合わせたところ3万円で式場を使わせてくれると言ったので、それより安価にして貰《もら》えるか？」と言う事で、新郎新婦2人だけのミニというか、エコ結婚式を行った事もある。もちろん無料で奉行した。

近年は人前《じんぜん》結婚式と言って、別に挙式をせず、披露宴に出席した人々の前で式を挙げると言うものがあるが、仏前結婚式は仏祖三宝諸天善神に結婚を報告するだけでなく、両家のご先祖様にも報告し、御守護を頂く事である。キリスト教徒では無いが、教会で式を挙げ、ウエディングドレスを着てバージンロードを歩く、そして花を散らすと言う姿に憧れるのであろう。

　間もなく七五三を迎えるが、日本人は元旦や宮参りは神社に参詣し、彼岸やお盆、そして法事や葬儀は寺院に参詣するので無宗教ではないかと指摘する人がいるが、そうでは無くて信仰心が決定していないだけである。その点、日蓮宗は生まれて人生を終えるまで、全ての人生行事を寺で済ませる事が出来る。

　つまり、まず安産、子育てを祈願し、七五三の宮参り、入学や就職祈願、交通安全、身体健全、家内安全、営業繁栄等、諸々の祈願をし、病気になれば当病平《とうびょうへい》癒《ゆ》、ケガをすればケガ平癒、そして何よりお目出度い良縁成就、最後を迎える前には臨終正念《りんじゅうしょうねん》、その前に一切の罪障《ざいしょう》消滅《しょうめつ》を祈念する。

　せめて臨終までに生まれてこの方作った罪を消滅し、さらには前世からの因縁罪障も消滅して始めて霊山浄土に旅立てるのである。それはお題目をお唱えする事である。

77　御開山聖人 第五十回忌

平成25年（2013）1月8日

新しい年が明け早8日、初尊神を迎えた。そして本年は御開山唯信院日孝聖人の第五十回忌をお迎えする。1人でも多くの方々が参詣されるように1月25日の御命日を繰り上げた。

　御開山聖人は「自分は心臓病を持っているので長生きは出来ない。出家したのでこれまで生きてこられた。せめて日蓮大聖人の御歳までは生かさせて頂く」と常々申され、60歳で御祈祷の修法具《しゅほうぐ》（木《ぼっ》剣《けん》や撰《せん》法華経）は鬼子母神様にお返しすると言われ、その通りに実践された。

　そして昭和39年（1964）の年が明け、御歳61歳。当時は1月5日の小寒から、2月3日の節分まで団扇太鼓を叩いて街を歩く、寒中修行を実施していた。

　1月24日の夜も御開山聖人の奥方と宗徒の方々と午後6時に御開山聖人に送られて出発。約2時間後、帰山すると、いつもは迎えに出られるのに、その日はお姿が見えず、ご自分で床を伸べて休まれていた。参加した方々は毎晩御開山聖人のお話を聞くのを楽しみにしていたが、その夜は早々と引き上げて帰った。

翌朝5時前、聖人の奥方から私は起こされた。びっくりして三畳間の聖人の寝床に行くと、奥方が柚子湯を差し上げていた。「起こしてくれ」と言う聖人のお声に奥方と両側から静かに起こし、小納《しょうのう》が「お薬を頂いて来ましょうか」と言うと、「金谷先生もお体が弱いので夜が明けてからで良いから」と仰った。それではと小納が近くの酒井薬局の戸を叩き、心臓発作の薬を求めに行き、帰ると「そろそろ寝かせてくれ」と言うので、奥方と2人でそっと床に寝かせると同時に息を引き取られた。午前7時だった。

当時はテレビはおろか電話もなく、お寺さんや親戚に連絡するのも電報であった。

それから密葬、本葬と、そして入寺式と続き、翌年大荒行《だいあらぎょう》に入行《にゅうぎょう》、そしてひげがある姿のままお見合いをし、結婚式へ。檀家の皆様に多大の迷惑をおかけし、それから50年。本当に生かされていることの証しで、感謝している。

78　冬は必ず春となる

平成25年（2013）4月8日

身延山から毎月発行される『みのぶ』という冊子の4月号に次の様な詩が載っている。「雄飛の時が来る」と題がついて「日毎に日差しが明るくなり、大地のぬくもりに草木の芽も伸びてきた。永い冬ごもりが終わり、万象回春のときとなる。五体に力がみなぎり、希望に胸がふくらむ。冷たい冬のあとに、この明るい春がある。悲運に泣くことをやめ、じっとこらえて時を待て。やがて雄飛のときが来る。明るく笑える時が来る」と。

この詩は身延山第90世岩間日勇法主猊下が「共に生き、共に栄える」の著書の中で表されたのである。日蓮聖人が「冬は必ず春となる。いまだ昔より聞かず、見ず、冬の秋とかえれる事を」『妙一尼御前御消息』と、法華経を信ずる人は必ず救われると仰せられた。

つい2週間ほど前、近くにお住まいの91歳の高齢ご婦人が家の中で転んで、大腿骨を骨折した。若夫婦が参詣され、「本当に良かった」と。何でと言うと、数日前までご夫婦は東京に行っておられた。まず第1番に私たちが家に居た。次にまだ夜も明けない午前4時に、救急車で市内の病院に行ったところ、受け入れてくれた。普通、夜中は受け入れない病院にもかかわらずに。3つ目は確かに頭を打っていたが、検査では頭に異常がなかったと。そして3日に無事高齢にも関わらずに手術を終えた。いわば大難が小難であった。この老婦人はお彼岸前に寺まで歩いて来られ、彼岸の供養を申し込まれた。いつもお題目をお唱えになられているので、さあ困ったというときに、必ずお陰を頂くのである。

4月4日に若い2人の娘さんが参詣に来た。大変明るい表情なので聞くと、2人共良い事があったので、岩井先生に報告に来たという。お願いするばかりで申し訳ないのでと言っておられた。「先生はさぞかし喜ばれたことでしょう」と言ってあげた。

先生は生きている。4月8日は降誕会、お釈迦様の命が永遠にあるように、全ての人の命も永遠である。

79 立教開宗と総代表彰、得度式

平成25年（2013）4月28日

760年前の4月28日、太平洋から堂々と昇る太陽に向かって、お題目三唱、「南無妙法蓮華経、南無妙法蓮華経、南無妙法蓮華経」と。そして「我日本の柱とならん、我日本の眼目とならん、我日本の大船とならん」との三大誓願を立てられた日蓮聖人。命を掛けて弘められた法華経とお題目。たった1人でお唱えしたお題目が全世界に弘まっている。正しい教えでない宗教は人類を破滅に導き平和とは程遠い。お題目は法華経に「我此土安穏」と説かれているように、平和になるための教えである。平和への第一歩のお題目をお唱えになられた聖日である。

この佳き日に、水口昭子さんの出家得度式と、当山の水子供養祭を厳修した。また、総代4人の方々と先達の管長表彰は5月8日の鬼子母神大祭に伝達することになっている。

法華経は必ず弘まるとは申しても、日蓮聖人の弟子となって弘める人がいなければ弘まらないのである。また、布教の拠点である寺を護持して行かねば法華経はまた、廃《すた》れて行くであろう。

かつて国東《くにさき》半島には数多くの天台宗寺院が有ったが、ほとんど廃寺になった。盛大な頃は法華経28品にちなんで、28もの本山と末寺が有ったと言う。現在は両子寺、富貴寺、文殊仙寺、応暦寺、長安寺など、有名な寺しか残っていない。天台宗は朝題目に夕念仏と言われるように、法華経を唱えながら念仏を唱えると言う矛盾がある。

法華経は現世安穏、生きている私たちが救われる教えであり、念仏は死んだ後に阿弥陀様に極楽浄土をお願いする経である。法華経はいつも申すように「現世安穏、後生善処」と申して、現世で救われないものが死んだ後、救われるのではなく、まず現世、生きている内に仏様の教えを頂いて、安穏に暮らそうという至って道理に適った真実の教えである。その正しい道理が真理であり、妙法と名付けられている。

80　天はお見通し

平成25年（2013）9月8日

福祉関係の仕事でなんと100倍もの競争率という、試験を受けた方がいる。公務員試験よりも難関と言われるだけに、まさに天命を待つ心境であろう。誠に余程の「運」が左右するであろう。

世の中にはこのような場面に出くわすことが数々有り、人の一生でも何度かある事であろう。ただただ運を開くために祈るほかないのである。

日蓮聖人は『祈祷抄』の中で「天は必ず戒を持ち、善を修する者を守る」と説かれている。

「天」とは天の神様と言うように、諸天善神であり、神様は仏様より人間の身近な所に居られ、手を差しのばして下さる。法華経を唱える者には必ず諸天の加護があると説かれており、先の御遺文の、戒を持ち善を修すとは、仏様の教えを守り、善根功徳を積む人には、諸天善神が必ず守ってくれると言う御文章である。

ご夫婦で熱心に唱題行に励んでおられる方から、色心二法《しきしんにほう》とはどういうことかと問いがあった。日蓮聖人には6人の高弟が居られ、六老僧と呼ばれている。その六老僧の第二番目日朗上人に、日蓮聖人が送られた有名なお手紙『土籠御書《つちろうごしょ》』の一節に次の様にある。日蓮聖人は佐渡へ御流罪になられ、師孝第一と呼ばれる日朗上人は弟子日進房《にっしんぼう》等と共に、鎌倉は長谷の土の牢に閉じ込められた。

日蓮聖人は「今夜《こよい》の寒きにつけても、牢のうちのありさま思いやられていたわしくこそ候え」と弟子の方々の身を案じ、普通の方は「口ばかり言葉ばかりは読めども心は読まず。心は読めども身に読まず。色心二法共に遊ばされたるこそ貴く候え」とある。

色心二法の色は色と書き、物質の世界を指す。身体そのものを色と呼び、心は「こころ」である。身も心も法華経を実践している日朗上人を褒《ほ》め讃《たた》えておられる。法華経の実践とは菩薩行で、自分の身を捨てて、他のために励むことである。

81 自我偈150巻と願掛け一千部

平成25年（2013）9月18日

法華経一千部の願を掛けた法尼さんが信州腰越にいた。この法尼さんが建立した祖師堂の跡継ぎにしようと思っていた若い法尼さんと同居していた。ところが先立たれてしまったので、身延山の修行中に感得した妙法両大善神をお祀りし、この神様に「跡継ぎが出来ますように」と願を掛けた。法華経一千部とは毎日一部ずつお読みしても一千日、約3年かかる修行。法華経一部は69382文字で、お自我偈に換算すると150巻である。

この法尼さんは毎日毎日お自我偈を150巻ずつ読誦した。その一千部の願掛けが終わろうとしたとき、1人の男性が母親に付き添われてお堂にやって来た。この人はお医者さんから見放された、余命幾《いく》ばくもない身であった。このお堂に2カ月間お籠《こ》もりし、法尼さんと共に修行に励んだが、いよいよ死期を悟って、帰宅することになった。

「私は間もなく死んで行きます。悪業の因縁を断ち切って頂いてありがとうございました。私には子供が沢山（4男3女）おります。その子供達の誰かに御恩を返させます」と言って、戸板に乗せられてお堂を後にした。

間もなくしてこの男性は42歳の男の大厄の年に亡くなった。その当時5歳であった三男坊が10年後、法尼さんのところに行き、僧侶に成《な》りたいと願い出た。

この上人は長野県腰越長光寺の小島日規上人と呼び、小衲《しょうのう》と共に40年前、新潟村田の本山妙法寺で開催された布教院で学んだ。今から23年前、前伊藤内局の一員として身延山の御廟所（聖人のお墓）に小衲が参詣奉告法要をしたときに、御廟所別当を勤めていた上人で、今でも「私は妙法両大善神の申し子、父の病気平癒の御祈祷を受けたお陰で、呼び寄せられた」と唱題行に励んでおられる。

お題目（7文字）を法華経一部経に換算すると、お題目一万遍は法華経一部経全巻を読んだことになる。お題目一千万遍をお唱えすると法華経一千部になる。

82　冥土の旅と埋葬

平成25年（2013）10月28日

死後の世界を旅することを「冥土《めいど》の旅」と言われる。冥土の冥は「片明かりの世界」と言われ、明るい娑婆世界からは中々見えにくいのである。ちょうどそれは簾《すだれ》越しに見るようなもので、家の中からは外は見えるが、外から家の中は見えないと言うことで、霊界から私たちが生きている世界はお見通しであり、生者が死者を見ようとしても見えないのは当然と言われている。

先日、神奈川県から中年夫婦が墓参りに見えた。ご主人の出身はここ大分、地元高田の高校を卒業して、都会に出て、毎朝150軒の新聞配達をしながら苦学をし、大学を卒業。やっと嫁さんも迎えることが出来たので、30年ぶりに帰郷したと言う。田舎の風景は変わってはいないが、道路が狭く感じられるのと、お墓が古くなっているのに驚いたと。ちょうど30年前、父親が亡くなり、高田の地石、田染《たしぶ》石で先祖代々の墓を祖母が建て、墓の裏には本人の名前が建立者として刻まれている。一度も墓参りにも帰れなかったが、何事か有るとお墓の事が気になっていたと言う。今そのお墓には父親も祖母も納骨されている。

私たちは死亡した後、尽七日《じんしちにち》、四九日法要が終わると埋葬されるが、この埋葬は一生に1度しか行われないもので、善い日と悪い日が二十八宿で定められている。もし悪い日に埋葬すると、死人が絶えない。憂い事が有るとか、大難がある、禍がある、不時の出費が続く、命に障ることがあるなど悪い日が沢山ある。例えそれが二十八宿を知らないからと言って悪い日に埋葬しても同じように災難が続くのである。

坊守の叔父が弁護士をしていて急に亡くなり、悪い日に埋葬したところ、大学教授の長男が亡くなり、また坊守の言うことを聞かず、他宗では悪い日は無いと言って、さらに悪い日に埋葬したところ、孫の東大生が亡くなった。3人も続いてやっと眼が覚めて、善い日に埋葬できた。決して迷信ではない。悪い日は悪いのである。

83　住職在任50年

平成26年（2014）2月28日

3月6日で小衲《しょうのう》は、ちょうど法華寺住職在任満50年を迎える事が出来る。この住職50年を振り返ってみると、51年前の年、昭和38年（1963）3月28日に東京善慶寺の役僧を辞め、師匠である大分本光寺平田泰延上人の命《めい》に依《よ》り、法華寺にやって来た。当時御開山上人は心臓の病気を抱えて居られ、60歳であられたが、その年限りで御祈祷を止め、御祈祷道具を鬼子母尊神様にお返しして、残る余命は1年、寿命は日蓮聖人と同じ歳、61歳であると宣言された。その予定通り、明けて昭和39年1月25日開山奥方と小衲二人で床に寝かしたとき、遷化《せんげ》された。丸50年で昨年、御開山上人の50回忌を申すことが出来た。

翌、昭和40年に第一回の大荒行一百日を成満。昭和41年に別府本光寺田口僧正のお世話で結婚。昭和47年に実母を、昭和48年に開山奥方の逝去に遭い、その間昭和47年、昭和49年と大荒行を成満。昭和60年（1985）に実父日見上人が80歳で遷化。昭和64年（1989）には実兄が死去。身の回りの人々が旅立って行かれ、殊《こと》に第三回目の荒行の最中、昭和49年には師匠が遷化された。

誰も同じとは思うが、長生きできているのは家族の支えはもちろんだが、多くの人々の支えがあって出来たのであり、亡くなられた方々の追善供養をするのは当たり前の勤めでも有る。

小衲は子供6人も恵まれ、長男日明が当山住職の認証を受ける事が出来て、4月18日に日蓮宗総本山身延山で認証式を挙げる。必ず総代が同行することになっており、16～18日まで2泊3日で身延山に団体参拝することになった。当山法華寺から最も近い山香町《やまがまち》立石の延隆寺の前住職が昨年遷化されたために、新住職となられる、首藤泰隆上人も認証式に参加される。そこで法華寺と延隆寺の初の合同団参が実現することになった。

団参が終わると、5月5日のこどもの日には、住職交代の法灯継承式を挙行し、お稚児さん行列も行われる。二度と無い機会、乞《こ》うご参加を。

84　老いと付き合いなさい

平成26年（2014）4月8日

「生老病死の憂患《うげん》あり」と、法華経に説かれている。私たちの人生は生きている苦しみ、老いの苦しみ、病気の苦しみ、死んで行く苦しみの4つの大きな苦しみを持っている。年を取る、年老いてくると言うことは、苦しみの最後、死の苦しみに近づく事でもある。

中村仁一さんという医師の話。

「今の人は老いることを病気にすり替えている。医者は老化現象だと分かっていても、そうは絶対に言わない。お年寄りに『あんた歳のせいだよ。老化現象だよ』なんて言おうものなら、もう2度と来ませんから。そして患者は、あの医者はヤブだ！　何も分かっていないと言って、大学病院等に行ってしまう。どこへ行っても、もとが老化ですから治るわけがない。

昔の年寄りは〝歳を取ったらこんなもんだ〟で済んでいた。ところが今は医学が進歩したから『何とかしたい、何とかなるのではないか』と思っちゃう」。

それが間違いのもとだと。ではどうするか。今の姿、体力状態を受け入れることが大事だと仰る。

「ある患者が『先生、昔15分で歩いて行けたところが30分もかかる。何か良い薬はないですか』とまるで笑い話のような質問をしてきた。『30分かかっても誰の手も借りず、誰にも迷惑をかけずに行けたのだから良かった』と受け取ることが大事。そうすることが、それが薬となり、人生に張りが出てくる。明日は今日より悪くなっているのが当たり前。これが年を取り、老いるということ。どうやって執着を離れるかと言うことが大事で、上手に老いと付き合いをしなさい」

と中村先生は喝破《かっぱ》されている。

法華経に「諸々の著《じゃく》を離れしむ」と有るように、そこに仏の道がある。4月8日は釈尊の降誕会、花まつりである。釈尊は世の中の執着を離れようと王子の地位を捨てて出家し、命がけの修行をして悟りを得られた。その悟りは諸法実相、全てがあるがままにあるのである。それこそが真実であると法華経に説かれた。

85　法灯継承式を終えて

平成26年（2014）5月8日

遠近各地から200人近い方々が参詣され、また各御寺院の若上人方が24人もご臨席して、無事に心配していた雨も降らず、5月5日の子供の日に法灯継承式、分かりやすく申すと住職交代式を行うことが出来た。

去る3月7日に住職在任満50年を迎え、昨年1月には御開山上人の50回忌法要も厳修することが出来て、感慨無量である。

この城山の土地に御開山上人が来山されたのは、第二次大戦勃発の昭和16年（1941）の秋、そして戦中戦後の不自由な時代、檀徒は15軒だったと記されている。檀徒の方々もお寺どころか、ご自分の生活も大変な時代であったはず。

その中で小さいながらも本堂を建立し、鍬《すき》やスコップを手に斜面を削っては、境内地を拡げていったと記しておられた。それが現在324坪から1，

172坪、3・6倍の境内地に拡げる事が出来た。

さらには新本堂、鬼子母尊神堂の建立をはじめ、三門、悠久廟、駐車場の建設など、この大きな事業の原動力となったのは、四国から来られたまさに変化《へんげ》の人、岩井日昇先生の力によるものである。岩井先生は毎月3回、30年以上も前から御来山され、全国各地の信者さんを教化されて来た。ご自身の事は省みず、全て法華寺のため、法華経広布のためにご自分の身を惜しむことなく水行をし、読経唱題三昧で、重病の方の病気平癒を祈り、数々の霊験を現された。その御礼を全て法華寺の事業のために寄進されたのである。この様な大きなお力により、法華寺が興隆したのであり、決して自分の力と思ってはいけないと、我が身に言い聞かせてきた。

新住職日明にこの御恩を忘れること無く、精進するように言い聞かせなければと思って法灯の継承式を行っている。特に感慨無量である。

86

生類供養

平成26年（2014）6月8日

法華経には全ての物、草木に至るまで仏性を持っている。生きとし生けるもの全てに魂が有ると教えている。況《いわ》んや犬猫の如《ごと》き動物は、畜生と生まれ、人間と言葉を交わすことが出来なくても意志が通じるのである。

墓の裏に大きな真っ黒い犬が繋がれている。最初は小衲《しょうのう》を見ると大きな声で吠えていた。しかし「ラブ」と言う名前が付いていると飼い主から聞き、「ラブ」と呼ぶと餌を与える訳でもないのに、尻尾を振るようになり、今では吠え方が違う。喜んでいるような声で3度だけ吠えるようになった。尻尾を振りながらである。

犬と言えばもう20年も前の事、早朝出かけようとすると、門前階段の下の道路で犬が車にはねられて死んでいた。今、水子地蔵さんが建っているところに、ちょうど朝参りに見えた方と2人で穴を掘って埋葬し始めた。お題目を唱えながら土をかけていると、死んでいたはずの犬が動き出した。びっくりして掘り出して、寒い朝だったので、古い毛布を掛けた。当時毎朝牛乳配達が来ておったので、牛乳屋さんが毎朝牛乳を一本飲ませ、1週間もしたら何処《どこ》かに行ってしまった。前の右足が折れてぶらぶらしていた。それから何ヵ月かして後、裏の空き家の屋敷で子犬の声がするので覗《のぞ》いてみると、交通事故にあった犬だった。雌犬であった。助けられた恩を忘れずに姿を見せたのだろうと女房と話した。

日蓮聖人は『報恩抄』に「年老いた狐は塚を後にせず」と示され畜生ですら恩を報じる、況《いわ》んや人と生まれて恩を忘れてはならない、と四恩を説かれた。それは一切衆生、父母、国土、最も大事な三宝の恩である。

87　合掌と両手と十界

平成26年（2014）8月18日

「手のひらのしわとしわを合わせてしあわせ」と言われているが、合掌することは幸せにつながる。人間だけが掌を合わせて祈る。合掌は人間である証明である。合掌の姿は人と言う字になる。人は支え合うもの。嬉しいときは合掌して感謝し、悪い事が起きれば祈りの姿をして合掌する。インドでは右手を清浄、左手を不浄と見なす。右手が仏界、左手が衆生界と呼ぶ。

さらに詳しく見ると、左手の小指から順に地獄、餓鬼、畜生、修羅、人間界と左手の親指が人間で、右手の小指から順に天上界、声聞界、縁覚界、菩薩界、仏界と右手の親指が仏の境界。従って人間と仏界が合わさり、合致する。合体する。これを煩悩即菩提と呼び、娑婆即寂光と言う法華経の教えとなる。いわゆる浄土は西方にあるのではなく、この世が浄土とならなければならないのである。

即身成仏の法門である。

　また、５本の指は地水火風空の五大であり、施餓鬼旗の五色旗も地水火風空の五大、青黄赤白黒のこれを表している。さらには５本の指は妙法蓮華経の５字を表している。お題目を唱えるときは必ず合掌しなければならない。

　初盆の家庭のお盆経に伺い、初盆法要が終わり短い法話をしたあと、直会《なおらい》となったとき、初盆の仏様の弟さんがビールを注ぎにきて、いきなり「南無妙法蓮華経とはどんな意味ですか」とお尋ねになった。そこで「南無妙法蓮華経」の意味は分からなくても、お唱えすれば利益、功徳を頂けると答えた。

　日蓮聖人は「小児乳を含むに、その味を知らざれども、自然《じねん》に身《み》を益《やく》す」「耆《ぎ》婆《ば》が妙薬誰か弁《わきま》へてこれを服せん」（『四《し》信《しん》五《ご》品《ほん》抄《しょう》』）と仰っておられる。お乳を飲み、薬を飲むことが大事である。しかし、お題目の意味は因縁因果の法則であり、妙なる法である。

88　秋彼岸と唱題行表彰

平成26年（2014）9月18日

暑さ寒さも彼岸までと言うが、本年は異常気象で秋が早く到来し、コスモスがもう満開を迎えている。法華経に曼珠沙華、摩訶曼珠沙華と説かれている彼岸花は、時を間違えることなく咲き始めた。彼岸は申すまでもなく、真東から太陽が昇り真西に沈むため、昼と夜の長さが同じ。これから秋の夜長に読書をする方や、趣味に時間を費やす方々がいるであろう。

この秋こそお題目の秋、天高き空に向け大いなるお題目をお唱えしたいときである。18日は施餓鬼の後、お題目修行300万遍以上成就された方30人に、新住職から表彰があった。

最高は吉本日鏡さんの1億遍成就で、毎日毎日1，000遍ずつお唱えしても274年かかる。

昭和55年（1980）にこのお題目修行が始まって、35年目であるので、毎日約7，500遍お唱えした事になる。毎朝3時に起床して唱題行をし、日中の仕事を終えると夜のおつとめの後、唱題行を続けられている。これほど、これまで全国探しても唱えられた方はいないだろう。日蓮宗はこの法労に謝して三級法労章を特別授与した。

また、61歳の石川県の方は、312万遍の唱題行を終えたが、悪業の因縁のわずかでも消滅させて頂き、背中に背負った荷が軽くなりましたと。これも孫が我が家で頭を強打したとき御祈祷で命を頂くお陰を賜ったため、そのときがお題目修行に始めるようになったと。

常々現在行っているお題目修行は、まず第一は罪障消滅であり、次に願い事が成就するように、最後は感謝と報恩のお題目と位置づけている。100万遍で地獄の世界から離れ、200万遍で餓鬼の苦しみを逃れ、300万遍で畜生道を逃れる、いわゆる三悪道を離れると申しているように、300万遍は菩薩に向かう新しいスタートである。

89　命と申すは第一の珍宝也

平成26年（2014）11月18日

この世の中に命より尊いものはない。米国の29歳の女性が脳腫瘍で余命わずかとの宣告を受け、劇薬を飲んで亡くなった。これは安楽死であるかどうかで世界的な議論が起きている。

例えば植物状態となって生命維持装置を外すことを尊厳死、または安楽死と言われるが「死ぬ権利」を主張することなどあってはならないことと思う。私たちは生まれるときに自分の意志で生まれてきたのではなく、授かった命である。自分の命であるならば、自分の死亡するときが分かるはず。ところが医師に告知されてびっくりする。

先の米国の女性メイナードさんは、教育の修士号を持つ。彼女はネパールの孤児院で勉強を教えるなど、世界中を精力的に旅したと報じられている。メイナードさんは1月に脳腫瘍と診断され、4月には余命半年と宣告され、それまで住んでいたカリフォルニア州から、死を選ぶ末期患者に医師が薬剤を処方することが認められているオレゴン州に夫婦で転居。11月1日に尊厳死を実行すると公表し、国内外で「死ぬ権利」をめぐる議論を巻き起こした。

法華経では「今此三界《こんしさんがい》　皆是我有《かいぜがう》　其《ご》中衆生《ちゅうしゅじょう》　悉是吾子《しつぜごし》」『譬喩品《ひゆほん》第三』と説かれる。

この世に生きている人は、皆仏性を持った仏の子であると説かれ、日蓮聖人は「命と申すものは一身第一の珍宝である」（『可延定業御書《かえんじょうごうごしょ》』）と説かれた。命を自分の物として自殺をする人が後を絶たないが、さらに拍車をかける様なニュースである。

もう助からないと言われ、37年前自分の胸を切って食道のガンを取った方が11月5日、3日前玖珠町《くすまち》から車でお寺にいらした。手術が成功したにしても、不思議な事と申している。与えられた寿命はいくらでも延ばす事が出来ると思う。毎日毎日が寿命を延ばして頂いているのである。

90　不軽菩薩の修行

平成27年（2015）2月8日

イスラム国（ＩＳＩＬ）を名のる過激派テロ集団が、ヨルダン人のパイロットと2人の日本人の人質を殺害した。交換条件で解放されるのが人質のはずであるが、彼らには通用しない。正統なイスラム教には人を殺せと言う教えはない。アラーの神を絶対なる神とする一神教である。

　イスラム国への空爆は一段と激しくなり、一般人をも巻き込みそうな勢いである。

　これに反して仏教の教えはまず第一に不殺生戒《ふせっしょうかい》と申して、五戒の中でまず一番にあげられる。人はもちろんのこと、生き物を殺さないことで、第二に不偸《ふちゅう》盗《とう》戒、盗みをしない。第三に不邪淫《ふじゃいん》戒、みだらの事をしない。第四は不妄語《ふもうご》戒、嘘をつかない。第五が不飲酒《ふおんじゅ》戒、酒を飲まない、酒に飲まれないことでもある。いずれにしても命を奪う事を最も戒めているのが仏教の教えで、世界中で、地球で命ほど尊いものはないのである。

　身延山第90世法主、岩間日勇猊下は『教えと共に活きる』の中で「２５００年の昔、仏陀は生涯を終えた。だのに２５００年の後の今、その生地ルンビニー園も正覚を開いたブッダガヤも、初転法輪の鹿野園も、そして入涅槃の地クシナガラも立派に保存され、世界の仏教徒が詣でて仏陀を拝する思いをしている。もし死して虚無に帰するなら誰が訪れ詣でよう。法華経に説くように仏陀は滅せず教えと共に活していることを知る」と。永遠の教え、永遠の生命を説いている。

　法華経の修行は常不軽菩薩の人間礼拝であると日蓮聖人は『崇峻天皇御書《すしゅんてんのうごしょ》』に次の様に説かれている。「一代の肝心は法華経、法華経の修行の肝心は不軽品にて候なり。不軽菩薩の人を敬《うやま》ひしはいかなる事ぞ」と。お釈迦様の一代50年の御説法のなかで、唯一真実の教えは法華経であり、法華経を修行すること。あらゆる人々は仏の種子を持ち、仏に成《な》るのであり、尊重しなければならない。

91　父母の因縁

平成27年（2015）2月18日

昨日、長男の住民票が必要になったので、市役所に出かけた。本人の生年月日を書く欄があったが、その生年月日を憶えていない。書かずに提出したところ、本当の父親であるか身分証明書を見せるように言われた。免許証を見せて事なきを得た。

帰って女房に話すと「子供の誕生日位は憶えていなければ…」と詰られた。女房は6人の子供の生年月日を全部憶えている。さすが腹を痛めただけの事はある。小衲《しょうのう》は四女の月日だけは憶えている。

小衲が8歳の秋、死線を彷徨《さまよ》っていたとき、祖母が自分の命を差し出す、仏に差し上げるのでこの孫の命を助けて下さいと、水を被って願掛けをした。小衲は小康を得たが、まだ学校に行けないとき、小衲の前で倒れそのまま亡くなった。昭和19年（1944）10月19日だった。そしてこの祖母の33回忌に、祥当命日に四女が誕生した。忘れる事がない10月19日、不思議な因縁である。

日蓮聖人は『寂日房御書』に「父母となるも子となるも必ず宿習也」と仰せられた。宿習とは善悪にわたる過去世の因縁である。父母となりその子となる。祖父母となりその孫となるのも、すなわち親子や孫として生まれて来るのは宿世の深い因縁が有るからだ。

私たちは地獄・餓鬼・畜生・修羅・人間・天上界の六道を輪廻しながら生まれ変わり、死に変わっている。その中で親となり、子供や孫として生まれ変わるなどは、稀《まれ》なる中のことであり、そのように生まれるのは、深い因縁があるからであり、現実に親子として生まれ遇《あ》ったことを宿習のしからしむところだと感謝しなければならない。

だから子供として生まれてくれば、子供や孫は自分の命を思って孝養を尽くし、逆に親や祖父母となれば、子や孫は仏から授かったと、財《たから》として大事に育てねばならない。これが現代では欠けているが、最も大事な事である。

92　父母への孝養

平成27年（2015）4月18日

近年親の恩や父母への孝養を説く人が少なくなった。親が勝手に子供を産んだとか、親は親で子供に迷惑をかけたくないので、年老いたら老人施設に入所したいと言う人も増えた。

仏様の教え仏道は、知恩報恩に有る。恩を知り恩に報いることである。日蓮聖人は生涯を通じて四恩、四つの恩を強調し実践された。まず報恩の第一は父母の恩である。聖人は『忘持経事』の中に「我が十指は父母の十指（自分の十本の指は両親から頂いた十本の指） 我が口は父母の口なり」と説かれた。父母への孝養が仏道実践の根本であると。自分の体は父母と一体となったもので「我が頭《こうべ》は父母の頭、我が足は父母の足」と申され、ここから孝養の道に入ると説いている。

第二は一切衆生の恩。誰も1人では生きてはいけないのであって、多くの人々の支えにより生かされているのである。

第三は国土の恩。大地、自然の恵みに依り生かされている。水も空気も動植物もあらゆる大自然の恵みにより生かされている。

そして最後に三宝の恩を説かれた。実はこの三宝（仏法僧）の恩が基本である。仏は本仏お釈迦様、法は唯一真実経の法華経、僧は日蓮聖人である。さらに日蓮聖人は『開目抄』（佐渡島で著述された）の中でこう説かれた。

「儒家《じゅけ》の孝養は今生《こんじょう》に限る。未来の父母を扶《たす》けざれば、外家《げけ》の聖賢《せいけん》は有名無実なり。外道過未《げどうかみ》（過去未来）を知れども、父母を扶くる道なし。仏道こそ父母の後世《ごせ》を扶くれば聖賢の名は有るべけれ。しかれども法華経以前等の大小乗の経宗は自身の得道なお叶いがたし、いかに言わんや父母をや。ただ文のみ有って義なし。今法華経のときこそ、女人成仏のとき、悲母《ひも》の成仏も顕《あらわ》れ、達多（提婆達多）の悪人成仏のとき慈父《じふ》の成仏も顕るれ。この経は内典《ないでん》の孝経也」。

法華経は孝行のお経であると、お題目を唱えることが孝行である。父母が必ず成仏するからである。

93　水子大祭　病の子に慈愛は深く

平成27年（2015）4月28日

道歌に「父は打ち母は愛しと抱くとは、異子心と子や思いけん」がある。父親は厳しく、母は慈愛を持って抱くと、子供にとっては父母の心が異なるのではないかと思う、と言う昔の歌である。

寺には6人の子供がいて、皆独り立ちはしているが、もし1人でも病気の子が有れば、その子に慈愛が重く注がれたに違いない。これは子供から見ると、慈愛に差別があるように見えるけれども、平等に即する差別で、本当の平等の愛である。この事を釈尊は涅槃経（法華経の後に弟子の問いに答えたお経）の中に、「譬ヘバ七子《しちし》アリ、父母平等ナラザルニアラザレドモ、然《シカ》モ病者ニ於《オ》イテ心則《スナワ》チ偏《ヒト》ヘニ重キガ如シ」（『法華取要抄』）と。

人に7人の子供があったとする。父母の慈愛は平等であるのは言うまでもないが、実際に慈愛が重く注がれるのは健康な子供より、病弱なるに対してである。

仏様が衆生に対する慈悲心も同じことであり、仏が在世の衆生よりも、悪世末法の衆生に対した方に重く注がれる。

日蓮聖人も『妙一尼御前御消息』に「人にはあまたの子あれども、父母の心は病する子にありとなり」と仰せになられた。

今度は逆に子供の視点で考えると、すくすく元気に育った子供より、水子となった子供の魂の方が救われていないだけに、親に頼るのである。

今日は28日。1年に1度水子の霊を弔う日としている。ご自分に水子はないからと言っても、自分の兄弟が水子であったり、親の兄弟姉妹には必ず水子がいるはずである。水子の霊は助けて頂こうとして知らせる。また、水子の魂は世間の波にもまれていない。穢《けが》れていないだけに、純真な魂である。

水子の霊も年をとるようであって、水子が成長している夢を見られた話をよく聞く。いずれにしても葬儀も法事も供養して貰《もら》えない水子の霊を慰《なぐさ》めるのが、元気にして頂いている恩返しでもある。

94　祈祷抄（法華経経力）変化《へんげ》の人

平成27年（2015）5月8日

「南無妙法蓮華経と申さば必ず守護し給うべし」日蓮聖人『祈祷抄《きとうしょう》』の有名な一節である。それでは誰が守護して下さるか？　それは本仏お釈迦様をはじめ、諸仏諸菩薩諸天善神である。その根本は法華経の功徳力、すなわち経力である。この経力によって、まず仏の護念《ごねん》力となり、仏の下の菩薩、観音様や普賢菩薩や薬王薬上菩薩等の諸菩薩の誓願力となり、さらに天上界と人間に近くなる諸天善神の擁護《ようご》力となり、本日大祭を迎える鬼子母尊神十羅刹女《きしぼそんじんじゅうらせつにょ》の守護力となり、鬼子母神、十羅刹女が変化《へんげ》の人《ひと》を遣《つか》わして守護して下さるのでる。

5月12日は、日蓮聖人が伊豆伊東の俎岩《まないたいわ》に御流罪になった伊豆法難の聖日である。日蓮聖人は正しい法、正法により国家を安んぜよと『立正安国論』をときの鎌倉幕府に諫言奏上《かんげんそうじょう》したことが、幕府の逆鱗《げきりん》に触れ、島流しに遭われた。流された場所は、現代の伊東市城ヶ崎の海上で潮が満ちて来るとその岩は太平洋の荒波に洗われ、やがて沈んでしまうと言う岩の上である。

島流しに先立ち、由比ヶ浜では師孝第一の日朗上人、自分はお師匠様にお供をし、小舟の艫《とも》（舟の後部）にしがみつくと、幕府の役人が日朗上人の左腕を叩き折ってしまう。船は岸を離れて漕《こ》ぎ出され、日蓮聖人は宝塔偈《ほうとうげ》（法華経見宝塔品第十一の偈文）を「此経難持《しきょうなんじ》　若暫持《にゃくざんじ》者《しゃ》　我即歓喜《がそくかんぎ》」とお唱えになる。波にゆられる様に高く低くお声が流れ、現在私たちがお唱えする宝塔偈のリズムになったのである。

聖人は岩の上に置き去りにされ、次第に潮が満ちてくる。日蓮聖人は大きな声でお題目をお唱えになる。今日は漁がなかったと帰る途中の漁師、船守弥三郎《ふなもりやさぶろう》。漁がないはず、今日は母の命日だと気付いた。そのときお題目の声を聞き、俎岩に近づくと出家のお姿。早速お助け申し上げて、お給仕された。後年聖人は変化《へんげ》の人を遣《つか》わされて、守護して下さったと申された。法華経の経力を如実《にょじつ》に示されたのである。

95　法華経は諸病の良薬

平成27年（2015）5月18日

「法華経と申す御経は身心の諸病の良薬なり」と日蓮聖人は『太田左衛門尉御返事』に説かれた。法華経一部八巻69，384文字は、お題目そのものである。したがってお題目は良薬である。

私たちの病気は殆どストレスが原因で、心の病から身の病となる。その心の病の源は三毒と申して、貪《とん》・瞋《じん》・痴《ち》である。貪は貪欲《どんよく》、むさぼる、欲しい欲しいと思う心。瞋は瞋恚《しんい》、怒り、腹を立てることであり、痴は愚か、愚痴《ぐち》を言うことである。この三毒が原因となって執着を起こし、いつまでも離れない貪りの心や、怒りの心、愚痴の心が四百四病とか八万四千の病と言われる身の病となる。今、病気で苦しんでいる方は、必ず思い当たる事と思われる。

小衲《しょうのう》が糖尿病になり、合併症で片眼が取られ、心臓に3本もステントを入れ、両足にも1本ずつ。それでも足りず腹の中に人造血管を入れているが、その原因は貪《むさぼ》りの心、三毒の貪である。

　九州から上京し6年間、プロの方が料理したご馳走を頂き、残してはもったいないと、綺麗に食べ残さず完食してきた。東京から帰り、60歳の無料健康診断を受けると、すでに立派な糖尿病になっていた。糖尿病は合併症が恐ろしい病気で腎臓の機能も低下し、30％しか現在働いていないと言う。そのため血液中のカリウムを排出出来ずに朝晩ゼリーを食べているが、そのゼリーのまずいこと。これは旨いものを食べてきた因縁で当然の事と思っているが、カリウムの数値が高くなると、心臓が止まるそうで、その寸前だったそうだ。

　さらに、生野菜、果物、豆類など好物だったものほど食べられない病気で、女房が野菜はなんでも全て湯がいて食べねばならない。栄養分を全部出した後のカスのみ食べるようなもので、これも永年貪欲で食べたしっぺ返し、罪滅ぼしの毎日ではある。お茶もコーヒーも飲めない体となった。しかし生かされていることに感謝である。

96　大曼荼羅御本尊のお話し

平成27年（2015）7月18日

私たちは毎朝毎晩お題目をお唱えしているが、お祖師様、鬼子母神様、ご先祖様にお供えしているのと同時に、実は御本尊にお参りしているのである。今日はどこの日蓮宗徒のご家庭にもある、最も大事な御本尊についてお話しよう。

御本尊は、法要では南無十界常住輪円具足未曾有大曼荼羅御本尊と言う長いご名称で読み上げる。この御本尊は日蓮聖人が佐渡島に御流罪になられたときに、感得された。そして始めて顕《あらわ》された本尊である。その姿は本仏お釈迦様が霊鷲山でご説法されている尊いお姿である。

そのお説法が始まると、大地から大きな塔が顕れて多宝如来が、お釈迦様が説かれる法華経は真実であると証明される。多宝如来が右側に、中央にその大地から涌現《ゆげん》した大宝塔が、したがってお釈迦様は席を譲《ゆず》られて左側におられる。そしてその両側には本化《ほんげ》の四菩薩と申して、お釈迦様が遠い過去に教化されたと言う四菩薩《しぼさつ》。その下には智慧《ちえ》の文殊菩薩や法華経の行者《ぎょうじゃ》を守護する普賢《ふげん》菩薩。日《にっ》天《てん》、月天《がってん》、第六天魔王、不動明王《ふどうみょうおう》、愛《あい》染明王《ぜんみょうおう》、東西南北守護の四天王。もちろん鬼子母神・十羅刹女。日本国の守護神、天照大神・八幡大菩薩。地獄界にいた提婆達多《だいばだった》、畜生界の大龍王。いわゆる十界、地獄・餓鬼・畜生・修羅《しゅら》・人間・天上・声聞《しょうもん》・縁覚《えんがく》・菩薩・仏の世界、全ての宇宙の中にある全てのものが祀《まつ》られている。

したがって浄土真宗の阿弥陀様だけだったり、真言宗の大日如来だけだったり、禅宗がお祀りするお釈迦様を本尊とするのと訳が違う。あらゆる仏様、神様全てがお題目の光明に照らされている。南無は命がけでお唱えしますとの表明。妙法蓮華経とは法華経の事で、法華経を信じ、修行すると言うことは、お題目をお唱えする事であり、そして知らず知らずにご利益を頂くのである。

97　城山は日本の霊鷲山《りょうじゅせん》

平成27年（２０１５）８月28日

当山城山は多くの方々が法華経を唱え、昭和55年（１９８０）から始めた唱題修行は36年間で６億８千３４０万遍、お題目があがっている。実際はカードに記入していない人もいるので、10億遍は超している。と言うことは、まさに城山は日本の霊鷲山である。

その高台の一角に、平成11年（１９９９）秋、岩井先生の御主導で悠久廟を建立。１年で21基が満杯となり、翌12年の秋、

法華経には、本仏釈尊の命は永遠に生き続け、私たちを永遠に仏道に入らしめんとお守り下さっていると説かれている。法華経には「釈尊出世の本懐、衆生成仏の直道である」と説かれている。真っ直ぐな道、迷いの無い道が法華経である。法華経は釈尊50年の説法の最後８年に説かれた唯一真実のお経である。そして法華経が読まれ、お題目の声が聞こえるところが、霊山《りょうぜん》浄土である。

第二悠久廟を建立し、現在81基が建立されている。

当初は個人の生前永代墓であったのが、夫婦で納骨させてもらいたいとの要望で夫婦墓となり、さらにはご先祖も納骨したいと申し込まれ、今では先祖代々の墓も建立されている。第三悠久廟の建立も計画している現状である。

去る20日、関西から帰ってこられたご婦人が「今年は父が亡くなって三回忌で、訳があって7年前に亡くなった母と父が別々に埋葬されているので、一緒にしてあげたい」と言うことで、信原写真館さんのお世話で、ちょうど信原家の隣の悠久廟が空いており、無事埋葬を済ませた。母親のお骨壺は土に埋もれていた。このため綺麗に拭き上げて納骨された。仏様も落ち着かれた事と思うだけで、きっと病気も良くなると思われた1日だった。

病気は必ず因縁が有り、体が弱っている所や、色んな所に病が出るのである。

98　自然な死に方

平成27年（2015）9月8日

「三界《さんがい》は安きことなし、猶《なお》火宅《かたく》のごとし。衆苦《しゅく》充満して甚《はなは》だ怖畏《ふい》すべし。常に生老病死の憂患《うげん》あり。是《かく》の如《ごと》きらの火、熾然《しねん》としてやまず」法華経譬喩品第三に説かれ、私たちは欲令衆と言う経文（法華経の特に有り難い文言を抜き書きしている）の中で、毎日夕方のおつとめで唱える。この生老病死は、仏様の教えは四苦と申して、四つの苦しみであるとされている。それは誰も避けられないからである。

ところで医師の中村仁一先生が老病死から逃げない生き方を講演されている。それを紹介すると、現代の医療は穏やかに死ぬのを邪魔している。人は年を取って老いてくると、身体が要求しないのに、無理矢理点滴注射をする。何もしないとどうなるかと言うと、一粒の米も口から入らないと、まず「β《ベータ》-エンドルフィン」と言う化学物質が脳内に出る。すると気持ちが良くなる。一滴の水も入りませんと、脱水状態になり、意識レベルが下がる。うとうととした状態で、これまた良い気持ちで、この世からあの世に行ける。さらに酸素が十分に入らなくなると、酸欠状態となり、脳内モルヒネが出る。すると、炭酸ガスが体内に溜まってくる。これが麻酔作用になる。繰り返すと、飢餓も脱水も酸欠も炭酸ガスもすべて穏やかに、安らかに死ねるように、自然の仕組みが我々に備わっている。それを食べないからと、鼻をつまんで無理矢理に口の中に抛り込む。また、チューブで栄養を流し込むなど、死なないように生かし、苦しめていると言う。

全くその通りであろう。さらに中村先生は、死ぬということは、そんなに畏《おそ》れることはない。我々は自然に死んで行く姿を見せる必要があると仰っている。昔から言われる畳の上で大往生と言うところだろう。しかし本当に80―90―100歳と高齢にならなくては、この様な死に方は出来ないだろう。しかし寿命は決まったものではない。「更賜寿命《きょうしじゅみょう》」と経文にあるように、日々刻々、お題目を唱えるだけ、長らえてくる。

99　内藤上人御遷化《せんげ》

平成27年（2015）11月8日

人の世の儚《はかな》さを、これほど感じたことはない。10月27日に御遷化された静岡県東部宗務所長、沼津市戸田本善寺御山主、神敬院日修《しんきょういんにっしゅう》上人のご遺徳を偲び、思い出をお話し申し上げ、謹んで増圓妙道をお祈り申し上げたい。

日修上人は長く日蓮宗総本山身延山久遠寺にお勤めになられ、毎年開かれていた先達《せんだつ》修行の先生をされ、全国から参《さん》籠《ろう》する先達のご指導をされていた。先達修行は毎年9月1日から21日間開設される。当山からは過去、山口県の伊賀妙孝先生、市内の髙井妙信先生など、亡くなられた方を含めると4人も修行に登られた。修行中は水行、読経、法要の所作など、ミニ信行道場のような修行が続き、5回まで受講することが出来る。

本日お話する本善寺の法尼はこの先達修行に励まれたお一人。先達修行に行かれる前は、日田《ひた》市のご自宅から毎朝6時の朝のおつとめに参詣するため、早朝4時過ぎにご自宅を出て、当山まで通ってこられた。もう20年以上も前になる。

その後、日蓮聖人の御真骨がある九州の総本山とも言うべき西身延本佛寺《にしみのぶほんぶつじ》で修行され、身延山の先達修行に入行された。道場で熱心に修行をする若い女性に、当時先達の先生であった日修上人が白羽の矢を立てられた。九州からはるばる伊豆半島の戸田のお寺の奥さんとして迎えられ、小衲夫婦も結婚式に参列させて頂いた。

奥方となられるや、今度は日蓮宗僧侶になるため身延山の信行道場35日間の修行を修了され、尼僧として活躍されていた。

上人の急な御遷化の報に驚き、直ぐさまお寺に駆けつけたところ奥の間に静かに休まれていた。そのお姿の気高さに思わずお経の声が止まりそうであった。法寿66。

上人は当山に来山され、名横綱双葉山《ふたばやま》のご法話をなさった。身延山布教部主任として活躍、まさに布教の第一人者であられた。そして毎月欠かさずハガキ教箋《きょうせん》が送られて来られた。それも10月号で終わってしまった。残念で仕方ない。

100　立教開宗

平成29年（２０１７）３月28日

春寒料峭《しゅんかんりょうしょう》の言葉通り、寒い朝が続いている。日蓮聖人は15年にわたるご遊学で、法華経こそが諸経の王様であり、唯一真実の教えであると確信し、いよいよ建長５年（１２５３）、７６４年前の４月28日の早朝、清澄山山頂で太平洋から堂々と昇る旭日に向かって「南無妙法蓮華経」と唱えられた。いわゆる立教開宗《りっきょうかいしゅう》である。

その直後、清澄山の持仏堂の前に集まった僧や信者達の前で初転法輪《しょてんぼうりん》、初めての説法を成された。「世間が乱れ、殺戮《さつりく》ばかりを繰り返す末法の世では、成仏する道は法華経を信じるほかにない。念仏、南無阿弥陀仏を唱える者は無間地獄に堕《お》ちる」と。それを聞いた聴衆、特に東条郷の地頭、東条景信は熱心な念仏の信者であり、日蓮聖人の説法に憤《いきどお》り、聖人を切り捨てようとした。

このときの日蓮聖人の説法は生涯、四《し》

箇《か》格言《かくげん》として、どこにおいても声高らかに演説された。

当時勢いのあった念仏、禅、真言、律宗の四宗派に対し、「念仏を唱えると無間地獄に堕ちる。禅宗は天魔のなせるわざ。真言宗は国を滅ぼす。律宗は国賊《こくぞく》である。」「念仏無間《ねんぶつむげん》、禅天魔《ぜんてんま》、真言亡国《しんごんぼうこく》、律国賊《りっこくぞく》」と言う。いずれの宗派も法華経を唱えないばかりか、唯一《ゆいいつ》それぞれが最高の教えとしているからである。

しかし一切経を何度も読まれた日蓮聖人は、法華経の正しい事、現世を救う教えであることを確信されたのである。

お題目を唱える者は頑固になり、正しい事を貫く人となる。

菊池泰瑞（唯明院日辰）上人を偲んで

垣本孝精　元日蓮宗新聞社社長

日辰上人に初めてお目にかかったのは平成5年（1993）の12月、場所は忘れましたが、どこかの温泉でした。当時、菊池上人は日蓮宗新聞社の社長をお勤めでした。ああ、このお方が噂に聞いている西日本新聞社にお勤めの経験がある大分のお上人かと、お湯に浸かりながら世間話をしたのが始まりです。

私の父は背が低く、常々、背の高い人と結婚したいと思っていたそうですが、念願叶いノミの夫婦でした。そして、かねがね「背の低い人はなにくそと、気構えが違うので気を付けろ」と言っていました。日辰上人も余り背が高くないので、気を付けなければならない人なんだなと思いました。

その後、平成9年（1997）、所属の選挙区を代表する宗会議員となられ、お会いする機会も増えました。平成12年には再び日蓮宗新聞社の社長に就任され、同じ宿舎で起居を共にすることになりました。宿舎には、「しろい」と「ひろい」、「さとう」と「かとう」、「あらう」と「わらう」、「はな」と「あな」の聞き区別がつかない兵庫県の大先輩と日辰上人、現宗研主任と私の4人。食事は賄いのおばさんがいて、作ってくれます。

日常の生活は、起床、洗面を済ますと宿舎の仏間で朝勤です。先輩のお二方はお勤めを欠かしません。昨晩遅かったので今朝は失礼しようかと思ってもお二人の声はでかい。特大です。

しかたなく眠い目をこすりながら、階段に蹴躓《けつまづ》いたり、物入れに頭をぶつけながら出て行ったことも何回かあります。出張などでお二人ともが留守の時はラッキーでした。

その後、これまでお世話になった賄いのおばさんが定年で退職されることになりました。新しいおばさんがやって来て、お話を聞くうち、ご主人を早く亡くされて、お位牌もお持ちでした。すると、日辰上人は「朝のお勤めに供養をして差し上げます。だけど、この法号は日蓮宗のものではありません。私が日蓮宗の法号を付けてあげますが、それでよろしいですか」と話されました。おばさんはとても喜ばれ、早速、日辰上人がつけられた法号の位牌を新調されました。私など、そのお位牌のままで「ご供養しましょう」とは言えるかも知れませんが、とてもその真似は出来ません。日辰上人の信仰の深さと教化力に、いたく感動したものでした。その後、鬼子母尊神堂の落慶法要の時と、法話を乞われて2度ご自坊へお邪魔することがありましたが、奥様と共にお寺の隅々まで、一つ一つに心遣いが現れていました。

平成13年（２００１）９月11日の早朝、日辰上人が何やら騒いでおいでです。深い眠りからたたき起こされました。日本人24人を含む２，９７７人が死亡、２５，０００人以上が負傷した前代未聞アメリカ同時多発テロの事です。いつもの穏やかな表情ではありません。テロに対する深い憤りを感じられると共に、すぐさま仏間で、犠牲者の冥福を祈られました。

さて、日辰上人は2度目の新聞社社長でしたので、（東京都大田区）池上界隈のことはよくご存知でした。どこのトンカツ屋が美味い、あそこの天ぷら屋が安い、ここの刺身は新鮮、そこはよしたほうがいい…などなど。宿舎のおばさんがお休みの時はそれらお勧めのお店に連れて行ってもらいました。ある夜、お店からの帰りに池上線の踏切を横断しなければなりません。チンチンと警報が鳴り、バーが閉まりかけました。唖然とする私を尻目に日辰上人はスルリとすりぬけ渡ってしまわれました。その時、思い出したのが父の言葉「背の低い人には気を付けろ」でした。あの時の素早い行動。日辰上人の後をモタモタ着いて行っていたら、その後の自分はなかったでしょう。

『日蓮宗新聞』を全檀信徒に購読してもらっているのは日蓮宗寺院教会結社5千余ヵ寺あれど日辰上人の法華寺さん一ヵ寺だけ。メディアの変化による活字離れ、核家族化などの影響も加わり、全国紙がそうであったように日蓮宗新聞の購読部数も激減し、ご苦労をされたことは自分も経験したのでよく分かります。

私は平成21年（２００９）年12月に任を解かれ、自坊に帰って来ました。12年間の楽しかった事、苦しかった事など思い出しながら以前の生活に戻り、田舎暮らしをしていましたが、ある日突然日辰上人が遷化された報がご家族から入りました。

いつものように夕食後、炬燵《こたつ》に入りそのまお亡くなりになったとか。お通夜にお参りしました。いつに変わらぬ穏やかな表情でしたが、声をおかけしても返事はありませんでした。

平素ご親交のあった島先生、大坂上人はじめ、近隣、縁故のご寺院、檀信徒の方々も駆けつけておいでででした。残念ながらお葬式には参列出来ませんでしたが、日辰上人のお人柄を偲び、多くの方々が参列されたと聞き及んでいます。

日辰上人は平素、教化活動の一環として、どなたでも聞くことの出来るテレホン説教を続けていらっしゃいました。その書きためていた原稿を本にして出したいと、後継の明智上人の心に感動、感謝です。有り難うございます。

あとがき

法華寺住職第3世　菊池　明智

その日は突然にやってきました。平成29年（2017）3月29日、いつも通りに6時からの夕勤を終え、参詣者と談話をして、それから夕食。いつもと変わらぬ時を過ごしていました。まさかその数時間後遷化《せんげ》するなど、誰が想像出来たでしょうか。

師父、菊池泰瑞「唯明院日辰上人」の83年の生涯は、激動の時代である昭和、平成を象徴するかのような人生でした。在家出身であった師父は幼少期に病気で生死をさまよい、祖母の命がけの祈りにより一命を取り留め、そして仏門に入りました。大分市の本光寺で出家して修行を重ね、立正大学へ進学。在学中に法華寺開山、唯信院日孝上人からお声がかかり、卒業後に後継者として法華寺副住職に就任。昭和39年（1964）に御開山上人が遷化すると、住職に就任し五十年間、その職を全うしました。住職としての仕事だけでなく、宗門内外の要職にも多数就き、まさに席を温める暇もない状態でした。

また師父は大変きっちりした性格で、そしてよく記録を残す人でした。色々と遺品を整理している中で出てきたのが、「おるすばん説教」の手書き原稿。「おるすばん説教」とは昭和62年（1987）5月1日から始めた、いわゆるテレフォン説教で、留守番電話機のテープに3分間お説教を吹き込んでいることから、「おるすばん説教」と名付け、毎月8日、18日、28日の月3回、更新していました。原稿はあいにく全て遺っていたわけではありませんでしたが、それでも平成15年（2003）6月8日の通し番号601号から、遷化する前日の、平成29年3月28日更新の通し番号1108号まで、5百話以上の原稿が遺されていました。

「これ本にして世に出せるかな?」と、その時、兄弟の誰かが発しました。その時は「そうだね」と同意しつつも、しばらく手つかずに置いていましたが、7回忌を目前に漸く重い腰を上げ、まずは全ての原稿をパソコンに入力するところから始まりました。原稿と言ってもルーズリーフに走り書きした字で書かれていたため、まずはその字の解読から始まります。さらに意味が通じにくい箇所や、文章の表記揺れ等、訂正しながら何とか入力を終え、そこから選別作業に入ります。兄弟六人で「この話は入れた方が良い。これは同じ話があった。」等と、流行のオンラインで話し合い、何とか厳選100話の形となりました。師父の信仰の思いが籠もった、珠玉の100話であると手前味噌ながら思っています。お手にされた方には、どうぞご一読いただき、思うところを感じ取っていただければ幸甚でございます。

最後になりましたが、師父と深い縁を頂き、何かにつけご厚情頂いた、岡山県宗蓮寺御院首垣本孝精上人には、急なお願いにもかかわらず、玉稿をお寄せ頂き、熱く御礼申し上げます。また出版に際してご助力頂いた、日蓮宗新聞社出版部の前田さんに感謝の意を表し挨拶に代えさせていただきます。

令和5年3月29日

法華寺　菊池明智

兄弟　孝子

泰子

宗子

邦子

重忠

法華寺第２世
唯明院日辰上人（菊池泰瑞）年譜

誕辰　昭和10年12月29日
遷化　平成29年3月29日
　法臘57年　世壽83
得度　昭和35年2月16日
度牒　昭和38年8月8日
改名　昭和38年5月14日　「宗三」から「泰瑞」
改姓　昭和42年3月3日　「園田」から「菊池」
結婚　昭和41年5月15日
新叙　昭和38年9月26日　大講師
昇叙　平成2年4月10日　僧正
住職　昭和39年3月6日～平成26年3月8日
　法華寺第2世
教導　昭和60年12月24日～平成3年11月28日
　本光妙園結社
学歴
　昭和36年3月31日　立正大学経済学部卒業
修行歴
　昭和38年8月29日　第二期信行道場修了
　昭和45年6月20日　布教院修了
　昭和50年2月10日　日蓮宗加行所第参行成満
勤役
　昭和41年8月1日　日蓮宗新聞社通信員就任
　昭和55年6月19日　同　退任
　昭和46年6月11日　日蓮宗大分県青年会事務局長就任
　昭和56年1月29日　日蓮宗新聞社編集顧問就任
　昭和57年3月　同　退任
　昭和56年6月28日　九州教区事務長会事務局長就任
　昭和57年5月10日　同　退任
　昭和57年5月10日　大分県協議員会議長就任
　昭和58年3月28日　同　退任
　昭和58年1月27日　日蓮宗現代宗教研究所嘱託就任
　昭和60年6月15日　同　退任
　昭和58年5月2日　大分県宗務所長就任
　平成2年4月10日　同　退任
　昭和59年7月11日　社会教導師就任
　昭和60年8月1日　日蓮宗現代宗教研究所嘱託就任
　昭和62年5月2日　専任布教師就任
　平成2年4月8日　日蓮宗新聞社社長就任
　平成6年3月1日　同　退職
　平成9年7月1日　九州教区僧風林林長就任
　平成9年12月7日　第三十六区日蓮宗宗会議員就任
　平成17年12月6日　同　退任
　平成12年4月3日　日蓮宗新聞社社長就任
　平成14年3月31日　同　退任
事歴
　昭和41年6月1日　西日本新聞記者就任
　昭和47年7月15日　退職
　昭和49年9月10日　宇佐・高田保護区保護司就任
　平成24年3月31日　同　退任
　昭和60年5月4日　豊後高田市立桂陽小学校
　　PTA会長就任
　平成3年3月31日　同　退任
賞罰
　昭和54年5月5日　日蓮宗管長表彰

昭和57年4月18日　日蓮宗管長表彰
平成18年5月5日　日蓮宗一級法功章　宗政宗務
平成18年11月3日　瑞宝双光章　保護司功労
平成26年3月8日　日蓮宗一級法功章　護法護山

業績

昭和51年11月8日　書院建設並びに本堂庫裡増改築
昭和55年1月1日　無数億唱題修行開始
昭和58年5月8日　鬼子母尊神大石像建立
昭和59年5月8日　千子眷属建立
昭和60年5月8日　十羅刹女像建立
昭和61年5月8日　釈迦牟尼仏大石像建立
昭和62年5月8日　久遠之塔建立
昭和63年5月8日　法界万霊塔建立
平成元年5月8日　唱題修行一億遍達成記念宝塔建立
平成8年5月8日　法華寺開創百周年記念事業新本堂建立
平成12年5月8日　第一悠久廟建設並びに第二駐車場用地取得
平成13年9月8日　第二悠久廟建設
平成18年5月5日　新鬼子母尊神堂建立
平成22年5月8日　三門建立
平成23年5月8日　大先達岩井日昇法師頌徳碑建立
平成24年12月8日　日昇の間建立

著者略歴

菊池泰瑞（唯明院日辰上人）

昭和10年（1935）12月29日生まれ。昭和36年3月立正大学経済学部卒業。西日本新聞記者として活躍。昭和39年3月6日法華寺第2世住職就任、平成26年（2014）3月8日住職退任するまで寺門繁栄に尽くし、お題目の唱題修行に力を入れ、多くの信徒を教化、鬼子母神さまのご縁を拡げる。日蓮宗宗会議員、大分県宗務所長、日蓮宗新聞社社長など宗門の要職を歴任。平成29年3月29日遷化。

おるすばん説教　100話

城山鬼子母神 法華寺テレフォン説教

著　者　　菊池泰瑞（法華寺第2世）

〒879-0606 大分県豊後高田市大字玉津1026

令和5年3月29日　初版第1刷発行

発行所　　株式会社 日蓮宗新聞社

〒146-0082　東京都大田区池上7-23-3
TEL 03-3755-5271㈹ / FAX 03-3753-7028

印刷所　　モリモト印刷株式会社
〒162-0813　東京都新宿区東五軒町3-19
TEL 03-3268-6301

ISBN978-4-89045-193-7　C0015